Directory of Museums in Africa
Répertoire des musées en Afrique

Directory of Museums in Africa

Unesco-ICOM Documentation Centre

Répertoire des musées en Afrique

Centre de Documentation Unesco-ICOM

Edited by/rédigé par Susanne Peters
Jean-Pierre Poulet
Alexandra Bochi
Elisabeth Jani

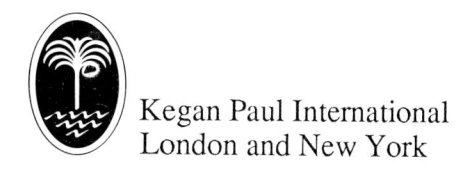

ICOM

Kegan Paul International
London and New York

First published in 1990
Kegan Paul International Limited
PO Box 256, London WC1B 3SW, England

Distributed by
John Wiley & Sons Ltd
Southern Cross Trading Estate
1 Oldlands Way, Bognor Regis
W. Sussex, PO22 9SA, England

Routledge, Chapman and Hall Inc
29 West 35th Street
New York, NY 10001, USA

© International Council of Museums 1990

Design and Layout: Monika Jost

Published with the support of
Ministère de la Coopération et du Développement, France
ADEIAO, Paris, France
Ford Foundation

Printed in Great Britain by T.J. Press (Padstow) Ltd.,
Padstow, Cornwall

No part of this book may be reproduced in any form
without permission from the publisher, except
for the quotation of brief passages in criticism

British Library Cataloguing in Publication Data
Directory of museums in Africa
(Repertoire des musees en Afrique).
   1. Africa museums
   I. UNESCO/ICOM Documentation Centre
   069'.096
ISBN 0-7103-0378-5

Library of Congress Cataloging in Publication Data
Applied For.

ISBN 0-7103-0378-5

Contents

7 Introduction
10 How to use the Directory
12 Algeria
22 Angola
30 Benin
34 Botswana
36 Burkina
38 Burundi
40 Cameroon
44 Central African Republic
46 Chad
48 Congo
52 Côte d'Ivoire
58 Egypt
72 Ethiopia
76 Gabon
78 Gambia
79 Ghana
85 Guinea
89 Guinea-Bissau
90 Kenya
93 Lesotho
94 Liberia
96 Libyan Arab Jamahiriya
97 Madagascar
101 Malawi
103 Mali
105 Mauritania
106 Mauritius
108 Morocco
114 Mozambique
117 Namibia
119 Niger
120 Nigeria
132 Rwanda
134 Sao Tome and Principe
135 Senegal
137 Seychelles
138 Sierra Leone
139 Somalia
140 Sudan
142 Swaziland
143 Tanzania
148 Togo
150 Tunisia
166 Uganda
170 Zaire
176 Zambia
180 Zimbabwe
185 Museum Index
194 Place Index
202 Subject Index

Table des matières

7 Introduction
10 Comment utiliser le répertoire
12 Algérie
22 Angola
30 Bénin
34 Botswana
36 Burkina
38 Burundi
40 Cameroun
48 Congo
52 Côte d'Ivoire
58 Egypte
72 Ethiopie
76 Gabon
78 Gambie
79 Ghana
85 Guinée
89 Guinée-Bissau
96 Jamahiriya Arabe Libyenne
90 Kenya
93 Lesotho
94 Liberia
97 Madagascar
101 Malawi
103 Mali
108 Maroc
106 Maurice
105 Mauritanie
114 Mozambique
117 Namibie
119 Niger
120 Nigeria
166 Ouganda
44 République Centrafricaine
132 Rwanda
134 Sao Tomé-et-Principe
135 Sénégal
137 Seychelles
138 Sierra Leone
139 Somalie
140 Soudan
142 Swaziland
143 Tanzanie
46 Tchad
148 Togo
150 Tunisie
170 Zaïre
176 Zambie
180 Zimbabwe
185 Index des musées
194 Index par ville
207 Index des collections

Introduction

The world is like a Mask dancing. If you want to see it well you do not stand in one place.[1]

A good number of museums in Africa are based on collections assembled during the era of colonial governments, essentially for the benefit of European settlers. These objects were amassed and deposited by generous collectors and the principles guiding their selection and display were those practised in Europe. In addition, many exotic objects and "curiosities", introduced from abroad, found their way into African museums. The buildings erected to contain these collections imitated European palatial and monumental designs, thus emphasizing the munificence of the colonial governors; not infrequently the museums were housed in government buildings.

The fundamental political and social changes in the first years after independence led to a fresh role for museums in the new nations. It reflected the growing sense of cultural identity on the part of Africa's peoples and their

---
[1] Chiuna Achebe. *Arrow of God*. 2nd ed. London, Heinemann, 1974, p. 46

Introduction

Le monde est comme un danseur masqué. Si tu veux bien le voir, ne reste pas immobile.[1]

Un bon nombre de musées en Afrique ont été créés à partir de collections réunies à l'époque coloniale, essentiellement à l'intention des colons européens. Ces objets étaient rassemblés et déposés au musée par de généreux collectionneurs, et le principe qui déterminait le choix et la présentation de ces collections était calqué sur celui en vigueur en Europe. En outre, beaucoup d'objets "exotiques" et de "curiosités", venus de l'étranger, ont trouvé place dans les musées africains. Les bâtiments construits pour abriter ces collections s'inspiraient du style des palais et monuments d'Europe, mettant ainsi en valeur la libéralité des gouverneurs coloniaux; les musées étaient bien souvent installés dans des édifices administratifs.

Les profonds changements politiques et sociaux qui ont eu lieu durant les premières années après l'indépendance ont conduit les musées à jouer un nouveau rôle dans la vie de ces jeunes nations

---
[1] Chiuna Achebe. *La Flèche de Dieu*. 2ème ed. Paris, Présence Africaine, 1978, p.66

desire to assemble and reconstruct a testimony of their indigenous civilization.

In African countries today, museums work hard to raise people's awareness of their own unique cultural heritage and to help them rediscover and extend their age-old arts and crafts. New museums - now built in vernacular styles, containing local objects and often incorporating craftsmen's workshops or other opportunities for direct participation by the visitor - embody a new museological concept, as do their innovative reconstitutions of traditional habitats on museum sites and the revival of oral traditions and popular ceremonies.

The forerunner of this publication was the *Directory of African Museums*, produced and distributed by the Unesco-ICOM Documentation Centre, with the help of Unesco, in 1981. For this book, all the entries in the earlier Directory were checked and updated, and supplemented by means of a detailed questionnaire sent to African museums. Various other sources were tapped, and that information was also verified.

The editors of the present *Directory* are well aware that accuracy and currency of content are the key factors in the ultimate success of a reference book. But it was not possible to validate a number of entries for which no questionnaire was returned, and these are marked with an asterisk (*). Users of the *Directory* are advised to check directly with any museum so marked for opening hours, content of collections and similar details. It goes without saying that any information readers can supply will be most gratefully received by the Unesco-ICOM Documentation Centre.

désireuses de constituer un témoignage de leur civilisation : refléter l'affirmation croissante de l'identité culturelle des peuples africains.

Aujourd'hui, dans les pays africains, les musées s'efforcent de faire prendre conscience aux populations que leur patrimoine est unique et qu'il leur appartient de les aider à redécouvrir et développer leur art et artisanat ancestral. Les nouveaux musées - construits maintenant dans le style vernaculaire - réunissent des objets d'intérêt local et abritent souvent des ateliers d'artisanat ou d'autres infrastructures requérant la participation directe du visiteur; ils reflètent une nouvelle conception de la muséologie, comme en témoignent ces reconstitutions d'habitats traditionnels sur le site du musée et la renaissance des traditions orales et des cérémonies populaires.

C'est le *Répertoire des Musées d'Afrique*, produit et distribué en 1981 par le Centre de Documentation Unesco-ICOM avec l'aide de l'Unesco, qui a servi de base à la présente publication. Pour cette édition, toutes les notices parues dans le précédent *Répertoire* ont été vérifiées, mises à jour et complétées au moyen d'un questionnaire détaillé qui a été envoyé aux musées africains. Diverses autres sources d'information ont été utilisées, et ces données ont été également vérifiées.

Les rédacteurs du présent *Répertoire* sont bien conscients que l'exactitude et l'actualité du contenu sont essentielles pour un ouvrage de référence. Malheureusement, il n'a pas été possible de vérifier le contenu d'un certain nombre de notices, pour lesquelles aucun questionnaire n'a été renvoyé. Celles-ci

This work could not have been accomplished without the invaluable support of the French Ministry of Cooperation and Development which provided a one-year scholarship to Mr Oumarou Nao from Burkina Faso, a History of Art PhD candidate at the Sorbonne, who carried out much of the research involved in the compilation of this volume. He also took the remarkable photograph which appears on the cover.

We are also very grateful for the financial assistance provided by the Association pour le Développement des Echanges Interculturels au Musée des Arts Africains et Océaniens (ADEIAO), and the Ford Foundation. Last (but not least) we gratefully acknowledge the help of several ICOM members, staff at the International Centre for the Study of the Preservation and the Restoration of Cultural Property (ICCROM) and many participants in the PREMA course, all of whom provided us with vital information and many useful ideas.

sont signalées par un astérisque (*). Les utilisateurs de ce *Répertoire* sont donc priés de vérifier directement auprès des musées ainsi signalés les heures d'ouverture, la nature des collections et autres détails similaires. Il va sans dire que toute information ou correction que les lecteurs voudront bien signaler au Centre de Documentation Unesco-ICOM sera la bienvenue.

Ce travail n'aurait pu être mené à bien sans l'aide inestimable du Ministère français de la Coopération et du Développement. Ce Ministère a attribué une bourse d'un an à M. Oumarou Nao, du Burkina Faso, étudiant en histoire de l'art à la Sorbonne, qui prépare un doctorat de 3ème cycle. Celui-ci a effectué une grande partie de la recherche requise pour l'élaboration de cet ouvrage. Il est également l'auteur de la remarquable photographie qui figure sur la couverture.

Nous sommes également reconnaissants à l'Association pour le Développement des Echanges Interculturels au Musée des Arts Africains et Océaniens (ADEIAO) et à la Fondation Ford du soutien financier qu'elles nous ont apporté. Enfin, nous remercions de leur aide plusieurs membres de l'ICOM, le personnel du Centre international d'études pour la conservation et la restauration des biens culturels (ICCROM) et les participants du cours PREMA, qui nous ont fourni des informations vitales et beaucoup d'idées utiles.

How to use the Directory
Comment utiliser le répertoire

Entries are presented in alphabetical order by

country

place

name of museum
(an asterisk (*) after a museum name indicates that no direct contact could be established with the particular institution concerning the details shown in the sample here)

A *unique number* has been assigned to each individual museum and is referred to in the three indexes provided in the back of this publication, namely

Museum Index

Place Index

Subject Index

Egypt
Egypte

Cairo

149
Museum of Islamic Art

Ahmed Maher Square, Cairo

Tel/Tél: 390 15 20; 390 99 30

Chief Officer/ Responsible
Mahmoud Al Sebey
Director/Directeur

Status/Statut: National museum/Musée national

Opening Hours/Heures d'ouverture: 09.00-16.00 daily/tous les jours

Charges/Prix d'entrée: £E 2; students half price/£E 2; demi- tarif pour les étudiants

Collections: archaeology/archéologie
Services: library/bibliothèque

History/Historique: Constructed in 1902 and inaugurated in 1903, the museum underwent renovation in 1983; currently several extensions are being planned/Construit en 1902 et inauguré en 1903, le musée a été rénové en 1983; actuellement plusieurs projets d'extensions sont planifiés.

Les notices sont classées par ordre alphabétique de

nom du pays

ville

nom du musée
(un astérisque (*) après le nom d'un musée indique que l'institution même n'a fourni aucun détail concernant le contenu de la rubrique donnée en exemple ci-contre)

Un *numéro* a été attribué à chaque musée, auquel renvoient les trois index qui se trouvent à la fin de la publication, à savoir

Index des musées

Index par ville

Index des collections

The *Subject Index* cites full entries only (i.e. without an asterisk) and covers the following areas:

Archaeology
Contemporary art
Ethnography
Folk art
Geology
History
Military history
Natural history
Oceanography
Prehistory
Transportation
Zoology

Publications: Catalogue (1937-1970); museum guide (1978; new guide in preparation); annual "Islamic archaeological Studies" since 1982; postcards; video/Catalogue (1937-1970); guide du musée (1978; nouvelle édition en préparation); revue annuelle; cartes postales; vidéo

L'*Index des collections* comprend uniquement les notices complètes (c'est-à-dire celles qui n'ont pas d'astérisque) et couvre les matières suivantes :

Archéologie
Art contemporain
Arts et traditions populaires
Ethnographie
Géologie
Histoire
Histoire militaire
Histoire naturelle
Océanographie
Préhistoire
Transport
Zoologie

Musée antiquarium des sites de Tipasa. Mosaic with prisoners/Mosaïque des captifs.

Algeria
Algérie

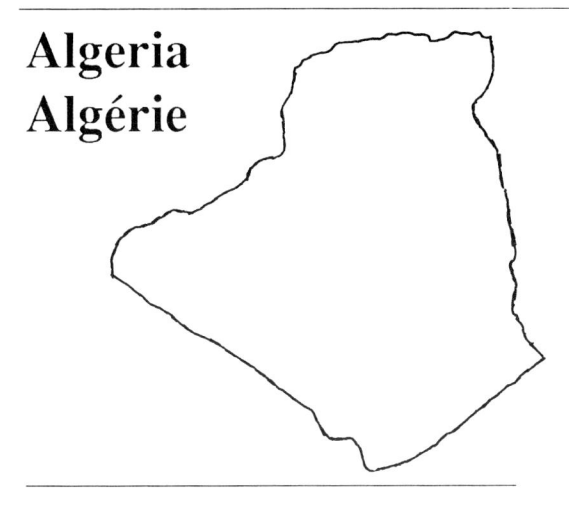

Alger

001
Jardin d'Essai*

Le Hamma
Alger

Status/Statut: National museum/Musée national

002
Musée central de l'armée

Riadh el-Feth, El-Madania
Alger

Tel/Tél: 66 16 12/66 12 14

Status/Statut: National museum/Musée national

Opening hours/Heures d'ouverture: 14.00-19.00 except on Saturday/sauf samedi

Collections: military history/histoire militaire

Services: library; photographic library; sound-archives; conference room/ bibliothèque; photothèque; phonothèque; salle de conférence

History/Historique: Inaugurated in 1984/Le musée a été inauguré en 1984.

003
Musée d'ethnographie et de préhistoire du Bardo*

3, rue F.D. Roosevelt
Alger

Status/Statut: National museum/Musée national

004
Musée national des antiquités

Parc de la Liberté
Bd. Salah Bouakouir
Alger

Tel/Tél: 02 60 95 34

Chief Officer/Responsable: Drias Lakhdar

Status/Statut: National museum/Musée national

Opening hours/Heures d'ouverture: 08.00-12.00; 14.00-17.00 except Friday morning and on Saturday/sauf vendredi matin et samedi

Collections: archaeology; Islamic collections/archéologie; collections musulmanes

Services: library/bibliothèque

History/Historique: Built in 1896 and opened in 1897, several extensions added since, especially the Muslim section in 1904 (Lucée Ben-Aben collection). Several name changes up until 1962/Bâti en 1896, le musée fut ouvert en 1897; plusieurs extensions dont les salles musulmanes en 1904 (collection Lucée Ben-Aben). Changements de nom jusqu'à 1962.

Publications: Guide du musée national des antiquités (1974); La numismatique musulmane (1984)

005
Musée national des arts et traditions populaires

9, rue Mohamed Akli Malek Casbah
Alger

Tel/Tél: 62 09 16

Chief Officer/Responsable:
Mohamed Bentabet

Status/Statut: National museum/Musée national

Opening hours/Heures d'ouverture:
09.00-12.00; 13.00-17.00 except Friday morning and on Saturday/sauf vendredi matin et samedi

Charges/Prix d'entrée: gratis/gratuit

Collections: ethnography /ethnographie

Services: library; photographic library/bibliothèque; photothèque

History/Historique: Collections exist since 1947; in 1961 became museum of folk arts, and a national museum in 1987/Collections existent depuis 1947; devenu musée des arts populaires en 1961, il est crée officiellement en tant que musée national en 1987.

Publications: leaflet on museum (January 1989)/dépliant du musée (janvier 1989)

006
Musée national des beaux-arts

Place Der El-Salem Hamma
Alger

Tel/Tél: 66 49 16

Chief Officer/Responsable:
Malika Bouabdellah
Director/Directeur

Status/Statut: National museum/Musée national

Opening hours/Heures d'ouverture:
10.00-17.30 from Monday to Thursday and 14.30-17.30 on Friday and Sunday/10.00-17.30 du lundi au jeudi et de 14.30-17.30 vendredi et dimanche

Collections: fine arts; contemporary art; medals; decorative arts/beaux-arts; art contemporain; médailles; arts plastiques et décoratifs

Services: library; photographic library/bibliothèque; photothèque

History/Historique: Originally a municipal museum dating from 1907; construction of new building started in 1928 and opened to the public in 1930/A l'origine musée municipal datant de 1907; en 1928 construction d'un nouveau bâtiment ouvert au public en 1930.

Publications: Museum guide and catalogues of collections/Catalogue des collections; Cent chefs-d'oeuvre du MNBA; Guide du musée

007
Musée national du Djihad

El Madania, Makam Ec-Chahid
Alger

Tel/Tél: 65 34 88

Chief Officer/Responsable: Remili Smida

Status/Statut: National museum/Musée national

Opening hours/Heures d'ouverture: 09.00-18.00 except Saturday and Sunday/sauf samedi et dimanche

Collections: contemporary history/histoire contemporaine

Services: library; sound-archives; conference room/bibliothèque; phonothèque; salle de conférence

History/Historique: Created in June 1985, the museum's aim is the collection, restoration, conservation and display of documents and objects related to the national liberation struggle/Créé en juin 1985, le musée a hérité du Musée national du Moudjahid. Il a pour mission la récupération, la restauration, la conservation et la présentation de documents et objets se rapportant à la lutte de libération nationale.

008
Musée pour Enfants*

114, boulevard Salah Bonakouin
Alger

Status/Statut: National museum/Musée national

009
Parc national du Tassili*

Siège : Parc Zyriab
bd. Salah Bouakouir, Alger

Status/Statut: National museum/Musée national

010
Parc zoologique*

Le Hamma
Alger

011
Section de Conservation des Espèces Minérales (SCEM)*

Société Nationale de Recherche et d'Exploitation Minière, Section Recherches
El-Harrach, Alger

Annaba

012
Musée d'Hippone*

Route d'Hippone
Annaba

Status/Statut: Municipal museum/Musée municipal

Bedjaïa

013
Musée de Bedjaïa*

Place de Gueydon
Bedjaïa

Status/Statut: Municipal museum/Musée municipal

Beni-Abbès

014
Parc botanique et zoologique*

Centre de la Recherche Scientifique
Beni-Abbès (Saoura)

Status/Statut: Municipal museum/Musée municipal

Beni-Saf

015
Parc botanique et zoologique*

Beni-Saf (Tlemcen)

Status/Statut: National museum/Musée national

Bou Ismail

016
Aquarium*

Institut des Pêches
Bou Ismail

Status/Statut: National museum/Musée national

Cherchell

017
Musée de plein air*

Parc Bocquet
Cherchell

Status/Statut: National museum/Musée national

018
Musée de Cherchell*

Place de la Mairie
Cherchell (El-Asnam)

Status/Statut: Municipal museum/Musée municipal

Constantine

019
Musée national Cirta

Boulevard de l'Indépendance
Constantine

Tel/Tél: 04 93 33 08

Chief Officer/Responsable:
Ahmed Gueddouda

Status/Statut: National museum/Musée national

Opening hours/Heures d'ouverture:
08.00-12.00; 14.00-17.00 except on Saturdays all day and Sunday mornings/sauf samedi toute la journée et dimanche matin

Collections: archaeology; fine arts/archéologie; beaux-arts

Services: library/bibliothèque

History/Historique: The museum was constructed in 1930. Archaeological finds were gathered in a room of the municipality of Constantine from 1852 and formed the basis of the collections, since enriched thanks to long-term loans from the Museum of Fine Arts in Algiers and to donations and acquisitions by the Municipality and the School of Fine Arts of Constantine/Des objets archéologiques ont été regroupés dès 1852 dans une salle de la municipalité de Constantine, en attendant la construction du musée actuel qui date de 1930 et les collections ont été enrichies depuis lors grâce aux prêts du Musée des beaux-arts d'Alger et aux dons et acquisitions de la municipalité et de l'Ecole des beaux-arts de Constantine.

Djémila

020
Musée de Djémila*

Wilaya de Sétif
Djémila

Status/Statut: National museum/Musée national

El Kantara

021
Musée archéologique*

El Kantara

Status/Statut: Municipal museum/Musée municipal

El Oued

022
Musée d'El Oued et du Souf

Place de la Jeunesse
El Oued

Tel/Tél: (04) 72 81 75

Chief Officer/Responsable:
Nadjah Saddok
Director/Directeur

Status/Statut: Municipal museum/Musée municipal

Opening hours/Heures d'ouverture:
09.00-12.00; 15.00-18.00 except Monday/sauf lundi

Collections: general: prehistory; ethnography; handicrafts; flora and fauna/mixtes: préhistoire; ethnographie; oeuvres artisanales; flore et faune

History/Historique: Inaugurated in January 1954/Inauguré en janvier 1954.

Ghardaia

023
Musée folklorique de Ghardaia*

Ghardaia

Status/Statut: Municipal museum/Musée municipal

Guelma

024
Musée du Théâtre de Guelma*

Théâtre romain, Guelma

Status/Statut: Municipal museum/Musée municipal

Kala'a des Beni Hammad

025
Kala'a des Beni Hammad (Musée de plein air)*

Cour du Palais du Manar
36 km north-east of M'Sila/36 km au nord-est de M'Sila

Status/Statut: National museum/Musée national

Oran

026
Musée national Zabana

Boulevard Zabana
Oran

Tel/Tél: 34 37 81

Chief Officer/Responsable: Malki Nordine

Status/Statut: National museum/Musée national

Opening hours/Heures d' ouverture: 08.00-12.00; 13.30-17.00 except Saturday/sauf samedi

Collections: general: archaeology; prehistory; ethnography; geology; natural history; contemporary art; numismatics/mixtes: archéologie; préhistoire; ethnographie; géologie; histoire naturelle; art contemporain; numismatique

Services: library; conference room/ bibliothèque; salle de conférence

History/Historique: Created in 1879, the first museum was inaugurated in 1885, and moved to its current building in 1933. Originally a municipal museum, it acquired national status in 1986/Créé en 1879, le premier musée fut inauguré en 1885 et déplacé dans un plus vaste édifice en 1933. De musée municipal il est devenu national par décret 86-135 du 25/05/86.

Publications: Museum catalogue and guide/Catalogue et guide du musée

Ouargla

027
Musée saharien*

Ouargla

Status/Statut: Municipal museum/Musée municipal

Sétif

028
Musée de Sétif*

Tribunal, Sétif

Status/Statut: National museum/Musée national

Skidda

029
Musée municipal*

Rue du Sphinx
Skidda

Status/Statut: Municipal museum/Musée municipal

Souk-Ahras

030
Musée Saint-Augustin*

Crypte de l'Eglise Saint-Augustin, Souk-Ahras

Tazoult

031
Musée et site archéologique*

Tazoult

Status/Statut: Municipal museum/Musée municipal

Tebessa

032
Musée du Temple de Minerve*

Place de Minerve
Tebessa

Status/Statut: National museum/Musée national

Timgad

033
Musée de Timgad*

Wilaya des Aurès
Timgad
Status/Statut: National museum/Musée national

Tipasa

034
Musée antiquarium des sites de Tipasa

Rue du Musée
42000 Tipasa

Tel/Tél: 246 15 43

Chief Officer/Responsable: Sabah Ferdi
Curator/Conservateur

Status/Statut: National museum/Musée national

Opening hours/Heures d'ouverture: except on Saturday and national holidays/sauf samedi et jours fériés

Collections: archaeology/archéologie

Services: library; photographic library/ bibliothèque; photothèque
History/Historique: Built in 1955, the museum displays finds from vast necropoles. Overlooking the harbour, it is composed of two rooms and a patio/Construit en 1955, le musée expose des objets provenant de vastes nécropoles. Il domine le port et se compose de deux salles et d'un patio.

Tizi-Ouzou

035
Musée de Tizi-Ouzou*

Tizi-Ouzou

Status/Statut: Municipal museum/Musée municipal

Tlemcen

036
Musée de Tlemcen*

Place d'Alger
Mosquée de Sidi-bel-Hacène
Tlemcen

Status/Statut: National museum/Musée national

Musée antiquarium des sites de Tipasa. Venus/Vénus.

Musée antiquarium des sites de Tipasa. Glass urn/ Urne en verre.

Museu Nacional de Antropologia, Luanda. Monkey skull in wickerwork, used by the Kabinda for 'magic' and religious purposes/Crâne de singe combiné avec osier à usage 'magique' ou religieux du peuple Kabinda.

Museu Regional do Dundo. Exhibit of masks/ Exposition de masques.

Museu Nacional de Antropologia, Luanda. Mask and outfit of a Mukihi, dancer and ritual figure/ Masque et costume d'un Mukihi, danseur et personnage rituel.

Angola

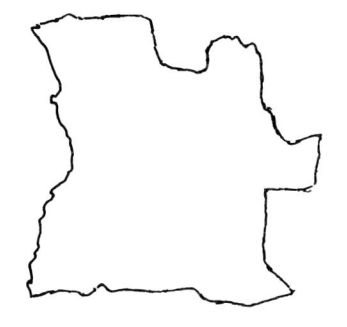

Benguela

037
Museu Nacional de Arqueologia

C.P. 79
Benguela

Chief Officer/Responsable: Luis Pais Pinto

Status/Statut: National museum/Musée national

Opening hours/Heures d'ouverture: 09.00-12.00; 14.30-17.00 except Monday and Tuesday/sauf lundi et mardi

Charges/Prix d'entrée: gratis/gratuit

Collections: archaeology/archéologie

Services: library; photographic library; conference room; projection room/bibliothèque; photothèque; salle de conférence; salle de projection

History/Historique: Installed in a 17th c. Portuguese-style building, the history of which is linked to the slave trade in the region. Inaugurated in December 1978/Installé dans un édifice du XVIIe de style portugais dont l'histoire est liée à celle de l'esclavage dans la région. Inauguré en décembre 1978.

Cabinda

038
Museu Regional de Cabinda

Cabinda

Status/Statut: Regional museum/Musée régional

Opening hours/Heures d'ouverture: 09.00-12.00; 14.30-17.00 except Monday and Tuesday/sauf lundi et mardi

Charges/Prix d'entrée: gratis/gratuit

History/Historique: The museum is located in a 19th c. building constructed by the Dutch. It first housed a court of justice, then a radio station called "The Voice of Cabinda", and finally the headquarters of the People's Defence Organization until 1984. It was restored and inaugurated in 1986/Le musée est installé dans un édifice du XIXe, construit par les Hollandais, qui fut d'abord le siège du tribunal, puis de la station de radio "La voix de Cabinda", et enfin de l'Organisation de la défense populaire jusqu'en 1984. Il a été restauré et inauguré en 1986.

Dundo

039
Museu Regional do Dundo

C.P. 54
Dundo (Lunda-Norte)

Tel/Tél: 184

Chief Officer/Responsable:
Fernando Manzambi Vuvu
Curator/Conservateur

Status/Statut: Regional museum/Musée régional

Opening hours/Heures d'ouverture:
09.00-12.00; 14.30-17.00 except Sunday afternoon and Monday/sauf dimanche après-midi et lundi

Charges/Prix d'entrée: gratis/gratuit

Collections: general: ethnography; archaeology; natural history; folk art/mixtes: ethnographie; archéologie; histoire naturelle; traditions populaires

Services: library; photographic library; sound-archives/bibliothèque; photothèque; phonothèque

History/Historique: Founded in 1936 and moved into a new building inaugurated in 1947/Fondé en 1936 et transféré dans un nouveau bâtiment inauguré en 1947.

Publications: Museum guide and catalogue of collections; temporary exhibition catalogues/Catalogue des collections et des expositions temporaires; guide du musée

Huambo

040
Museu Regional do Huambo

Huambo

Chief Officer/Responsable:
Francisco Xavier Yambo

Status/Statut: Regional museum/Musée régional

Opening hours/Heures d'ouverture:
09.00-12.00; 14.30-17.00 except Monday and Tuesday/sauf lundi et mardi

Charges/Prix d'entrée: gratis/gratuit

Collections: ethnography/ethnographie

Services: library; photographic library; conference room; projection room/bibliothèque; photothèque; salle de conférence; salle de projection

History/Historique: The former museum of Nova Lisboa was created in 1958, and became the Regional Museum of Huambo in 1985. It is located in the former municipal library/L'ancien musée de Nova Lisboa a été créé en 1958 et est devenu Musée régional de Huambo en 1985. Il est installé dans l'ancienne bibliothèque municipale.

Publications: Annual report/Rapport annuel

041
Museu Regional do Planalto

Avenida Imaculada
Conceição
C.P. 945, Huambo

Tel/Tél: 2881
Chief Officer/Responsable:
Francisco Xavier Yambo
Director/Directeur

Status/Statut: Regional museum/Musée régional

Opening hours/Heures d'ouverture: 08.00-12.00; 14.00-17.30 except Saturday afternoon and Sunday/fermé le samedi après-midi et dimanche

Charges/Prix d'entrée: gratis/gratuit

Collections: ethnography; archaeology; geology; natural history; contemporary art/ethnographie; archéologie; géologie; histoire naturelle; art contemporain

History/Historique: Established during the colonial period, the museum was abandoned in 1974, and reopened in 1979. After two years of restoration works, it was inaugurated on 8 September 1985/Créé à l'époque coloniale, le musée a été laissé à l'abandon en 1974 puis réhabilité en 1979. Après deux ans de travaux de restauration, il a été inauguré le 8 septembre 1985.

Publications: Permanent exhibition catalogue; temporary exhibition catalogues; quarterly report/Catalogue des collections; catalogue d'expositions temporaires; rapport trimestriel

Lobito

042
Museu Etnográfico do Lobito

C.P. 1398, Lobito

Chief Officer/Responsable:
Antonio Arnaldo M. Alves
Director/Directeur

Status/Statut: Regional museum/Musée régional

Opening hours/Heures d'ouverture: 09.00-12.00; 14.30-17.00 except Monday and Tuesday/sauf lundi et mardi

Charges/Prix d'entrée: gratis/gratuit

Collections: ethnography/ethnographie

Services: library; photographic library/bibliothèque; photothèque

History/Historique: Located in the former premises of the Bank of Angola, the museum was inaugurated in 1978/Installé dans l'ancien édifice de la Banque d'Angola, le musée a été inauguré en 1978.

Publications: Annual activity report/Rapport annuel d'activités

Luanda

043
Depósito Central de Etnografia e das Artes Plásticas

C.P. 1267, Luanda

Chief Officer/Responsable: Samuel Aço
Director/Directeur

Status/Statut: National museum/Musée national

Opening hours/Heures d'ouverture: By appointment/Accès réservé

Collections: ethnography; art/ethnographie; arts plastiques

Services: library; photographic library/bibliothèque; photothèque

History/Historique: Created in 1976, the "Dépôt" centralizes collected museological objects and re-distributes them to the national and regional museums. The building was constructed in 1887 by the former Angolan Sugar Company. It also houses the headquarters of the Angolan Institute/Créé en 1976, le dépôt réceptionne des objets muséologiques et les distribue auprès des musées nationaux et régionaux. Le bâtiment a été construit en 1887 par l'ancienne Compagnie du Sucre d'Angola. Il abrite également la Direction nationale de l'Institut.

044
Museu Central das Forças Armadas

C.P. 303, Luanda

Chief Officer/Responsable:
Ary da Costa
Director/Directeur

Status/Statut: National museum/Musée national

Opening hours/Heures d'ouverture: 09.00-12.00; 14.00-17.00 except Monday and Tuesday/fermé lundi et mardi

Charges/Prix d'entrée: gratis/gratuit

Collections: military/militaire

Services: photographic library/photothèque

History/Historique: Installed in the former St.Michael's fortress, erected between the 17th and 18th centuries. Inaugurated on 31 July 1978/Installé dans l'ancienne forteresse de Saint-Michel, construite entre les XVIIe et XVIIIe siècles. Inauguré le 31 juillet 1978.

Publications: Annual report/Rapport annuel

045
Museu da Escravatura

C.P. 1267
Luanda

Tel/Tél: 37 16 50

Chief Officer/Responsable:
Samuel H. Rodrigues Aço
Director/Directeur

Status/Statut: Municipal museum/Musée municipal

Opening hours/Heures d'ouverture: 09.00-12.00; 14.30-17.00 except Monday and Tuesday/fermé lundi et mardi

Charges/Prix d'entrée: gratis/gratuit

Collections: history/histoire

Services: library; conference room; projection room/ bibliothèque; salle de conférence; salle de projection

History/Historique: Installed in an 18th c. building constructed by Alvaro Carvalho Matoso, a descendent of a slaver family operating along the Atlantic coast of Angola. The museum was inaugurated in 1977/Installé dans un édifice du XVIIIe siècle construit par Alvaro Carvalho Matoso, descendant d'une famille qui pratiquait l'esclavage tout le long de la côte Atlantique de l'Angola. Le musée a été inauguré en 1977.

046
Museu de Geologia, Mineralogia e Paleontologia

Faculté des sciences
C.P. 815, Luanda

Tel/Tél: 37 22 72

Chief Officer/Responsable: Suzanete Costa
Status/Statut: University museum/Musée universitaire

Opening hours/Heures d'ouverture: 09.00-12.00; 15.00-17.00 except Saturday and Sunday/sauf samedi et dimanche

Charges/Prix d'entrée: gratis/gratuit

Collections: geology/géologie

047
Museu do Café*

Avenida Paulo Dias de Novias 101
C.P. 342, Luanda

048
Museu Geológico do IICA*

Avenida Paulo Dias de Novias 105
Luanda

049
Museu Nacional de Antropologia

Frederico Engels, 61
C.P. 2159, Luanda

Tel/Tél: 39 26 38/33 70 24

Chief Officer/Responsable: Manuel Kiangala
Director/Directeur

Status/Statut: National museum/Musée national

Opening hours/Heures d'ouverture: 09.00-12.00; 15.00-17.30 except Monday and Tuesday/sauf lundi et mardi

Charges/Prix d'entrée: gratis/gratuit

Collections: prehistory; ethnography; archaeology/préhistoire; ethnographie; archéologie

Services: library; photographic library; conference room; projection room/

bibliothèque; photothèque; salle de conférence; salle de projection

History/Historique: Founded in 1976 and housed in the former 18th c. administration building of the Diamond Company of Angola/Fondé en 1976 et installé dans l'ancien bâtiment administratif de la Compagnie de Diamants d'Angola, datant du XVIIIe.

050
Museu Nacional de Historia Natural

Rua de Kina Xixi
C.P. 1267, Luanda

Chief Officer/Responsable: João Carlos Director/Directeur

Status/Statut: National museum/Musée national

Opening hours/Heures d'ouverture: 09.00-12.00; 14.30-17.00 except Monday and Tuesday/sauf lundi et mardi

Charges/Prix d'entrée: gratis/gratuit

Collections: natural history/histoire naturelle

Services: library; photographic library; conference room; projection room/bibliothèque; photothèque; salle de conférence; salle de projection

History/Historique: Created in 1938 as the "Museu de Angola" and renamed "National Museum of Natural History" after independence in 1976/Créé en 1938 sous le nom de "Museu de Angola" et rebaptisé "Musée national d'histoire naturelle" après l'indépendance en 1976.

Publications: Catalogue of collections; annual report/Catalogue des collections; rapport annuel

051
Museu Regional do Reino do Koongo

C.P. 49
Luanda

Status/Statut: Regional museum/Musée régional

Opening hours/Heures d'ouverture: 09.00-12.00; 14.30-17.00 except Monday and Tuesday/sauf lundi et mardi

Charges/Prix d'entrée: gratis/gratuit

Collections: history/histoire
Services: library; photographic library/bibliothèque; photothèque

History/Historique: Created in 1978 in the Northern province. Similar collections as those of the Wije museum, opened in 1957/Créé en 1978 dans la province du Nord. Collections similaires à celles du musée de Wije qui existe depuis 1957.

Publications: Annual report/Rapport annuel

Lubango

052
Museu Regional de Huíla

C.P. 665, Lubango

Chief Officer/Responsable: José Ferreira

Status/Statut: Regional museum/Musée régional

Opening hours/Heures d'ouverture: 09.00-12.00; 14.30-17.00 except Monday and Tuesday/sauf lundi et mardi

Charges/Prix d'entrée: gratis/gratuit

Services: library; conference room/ bibliothèque; salle de conférence

History/Historique: The museum was created in the 1950s and acquired national status through Act 80/76 dated 3 September 1976/Le musée existe depuis les années 1950 et fut nationalisé par le décret 80/76 du 3 septembre 1976.

Malange

053
Museu do Pioneiro*

Malange

Status/Statut: Municipal museum/Musée municipal

Mocamedes

054
Museu da Pesca*

Mocamedes

Pangala

055
Museu Rural do Sogo*

Pangala

Status/Statut: Municipal museum/Musée municipal

Wije

056
Museu Regional do Wije

Wije

Status/Statut: Regional museum/Musée régional

Opening hours/Heures d'ouverture: 09.00-12.00; 14.30-17.00 except Monday and Tuesday/sauf lundi et mardi

Charges/Prix d'entrée: gratis/gratuit

Services: library; photographic library/ bibliothèque; photothèque

History/Historique: Previously called "Museu Etnografico de Arte Indigena do Congo Portugues" (founded in the district of Carmona in 1957); new name since 14 April 1982 through application of Act 80/76/L'ancien "Museu Etnografico de Arte Indigena do Congo Português" créé à Carmona en 1957; nouveau nom à partir du 14 avril 1982 suivant le décret 80/76

Musée historique, Abomey. Statue of an eagle with prey/Statuette d'un aigle avec proie.

Musée historique, Abomey. Copper-plated wooden sculpture representing king Kpengla's hunting dog/Statuette en bois plaqué de cuivre représentant le chien de chasse du Roi Kpengla.

Musée historique, Abomey. Iron-plated wooden sculpture representing a panther, the totem of the royal family/Statuette en bois avec des plaques de fer représentant la panthère, totem de la famille royale.

Abomey. An "assen" object or receptacle for offerings to dead kings/Un "assen" objet destiné à recevoir des offrandes pour les défunts royaux. (Photo Unesco)

Benin
Bénin

Abomey

057
Musée historique

B.P. 25, Abomey

Tel/Tél: 50 03 14

Chief Officer/Responsable:
Codjo Denis Dohou
Curator/Conservateur

Status/Statut: National museum/Musée national

Opening hours/Heures d'ouverture:
09.00-12.30; 15.00-18.30 Monday to Friday; 09.00-18.30 Saturday, Sunday and national holidays/09.00-12.30; 15.00-18.30 du lundi au vendredi; 09.00-18.30 samedi, dimanche et jours fériés

Charges/Prix d'entrée:
Foreigners: 1500 F, nationals: 500 F/Etrangers: 1500 F, nationaux: 500 F

Collections: ethnography; contemporary art/ethnographie; art contemporain

Services: library; conference room; projection room/bibliothèque; salle de conférence; salle de projection

History/Historique: Installed in a palace of former kings of Danxome, started as a museum in 1945. Reconstruction and renovation projects 1986/Situé dans le palais des anciens rois du Danxome, érigé en musée en 1945. Projets de reconstruction et de rénovation en 1986.

Publications: Museum guide; slides; postcards/Guide du musée; diapositives; cartes postales

Ouidah

058
Musée d'histoire de Ouidah

Ouidah
(Province de l'Atlantique)

Tel/Tél: 34 10 21

Chief Officer/Responsable:
Romain-Philippe Assogba
Curator/Conservateur

Status/Statut: National museum/Musée national

Opening hours/Heures d'ouverture:
09.00-12.00; 16.00-18.00 Monday to Friday; 09.00-18.00 Saturday, Sunday and national holidays/09.00-12.00; 16.00-18.00 du lundi au vendredi; 09-18.00 samedi, dimanche et jours fériés

Charges/Prix d'entrée:
Foreigners: 1000 F, nationals: 300
F/Etrangers : 1000 F, nationaux: 300 F

Collections: history (slavery; African religions) ethnography; contemporary art/histoire (l'esclavage; les religions africaines); ethnographie; art contemporain

History/Historique: Installed in a Portuguese fort erected in 1721, and transformed into a museum after 1964. Renovation project in progress/Installé dans un fort portugais datant de 1721 et aménagé en musée à partir de 1964. Travaux de rénovation en cours.

Parakou

059
Musée de plein-air, d'ethnographie et de sciences naturelles*

Parakou

Status/Statut: National museum/Musée national

Porto-Novo

060
Musée ethnographique

B.P. 299, Porto-Novo

Tel/Tél: 21 25 54

Chief Officer/Responsable:
Colette Gounou
Curator/Conservateur

Status/Statut: National museum/Musée national

Opening hours/Heures d'ouverture:
09.00-12.00; 16.00-18.00 every day/tous les jours

Charges/Prix d'entrée: 1000 F

Collections: ethnography/ethnographie

Services: library/bibliothèque

History/Historique: Originally an administrative building dating from 1922. Museum founded in 1957, and inaugurated in 1966/Cet ancien bâtiment administratif datant de 1922 a été transformé en musée en 1957 et inauguré en 1966.

061
Musée Honmè

B.P. 299, Porto-Novo

Tel/Tél: 21 35 66

Chief Officer/Responsable:
Alain Godonou
Curator/Conservateur

Status/Statut: National museum/Musée national

Opening hours/Heures d'ouverture:
08.30-12.00; 15.30-18.00 every day/tous les jours

Collections: history/histoire

Services: sound-archives; conference room; concert hall/phonothèque; salle de conférence; salle de concert

History/Historique: Palace of the kings of Hogbonou-Adjatche until the death of the last king in 1976. Restoration works 1982-1987. Opening 1988/Palais des rois de Hogbonou-Adjatché jusqu'à la mort du dernier souverain en 1976. Travaux de réfection de 1982 à 1987. Ouverture 1988.

Abomey. The staff of King Guézo made of wood and ornamented with silver/Le bâton de commandement du roi Guézo en bois et recouvert de fines plaquettes d'argent. (Photo Unesco)

Musée Honmè, Porto-Novo. Zangbeto mask: night watch from the Kingdom of Porto-Novo/Masque Zangbeto: gardien de nuit du Royaume de Porto-Novo.

Musée Honmè, Porto-Novo. "Egun" mask, called 'ghost'/Masque "Egun" dit 'revenant'.

Botswana

History/Historique: Officially opened in 1968. Renovation and extension in progress. Anticipated inauguration 1989/Fondé en 1968. Rénovation et extension en cours de réalisation. Inauguration prévue en 1989.

Publications: Catalogues of temporary exhibitions; quarterly journal "The Zebra's Voice"; slides; postcards/Catalogues d'expositions temporaires; journal trimestriel; diapositives; cartes postales

Gaborone

062
National Museum, Monuments & Art Gallery

P.B. 00114, Gaborone

Tel/Tél: 37 46 16

Chief Officer/Responsable: Tarisayi Weston Madondo Director/Directeur

Status/Statut: National museum/Musée national

Opening hours/Heures d'ouverture: 09.00-18.00 Monday to Friday; 09.00-17.00 Saturday and Sunday/09.00-18.00 du lundi au vendredi, 09.00-17.00 samedi et dimanche

Charges/Prix d'entrée: gratis/gratuit

Collections: archaeology; ethnography/archéologie; ethnographie

Services: library; projection room/ bibliothèque; salle de projection

Kanye

063
Kanye Museum/Kgosi Bathaen II Museum*

Private Bag 2, Kanye

Status/Statut: National museum/Musée national

Lobatse

064
Postal Museum*

Lobatse

Mochudi

065
Phuthadikobo Museum*

Isang School
Phuthadikobo Hill
Box 208, Mochudi

Status/Statut: National museum/Musée national

National Museum & Art Gallery, Gaborone. "Outreach in Action": curator of education with Botswana's mobile museum service examines artifacts with primary school children/Educateur du service du musée itinérant du Botswana examine des objets d'artisanat avec des écoliers.

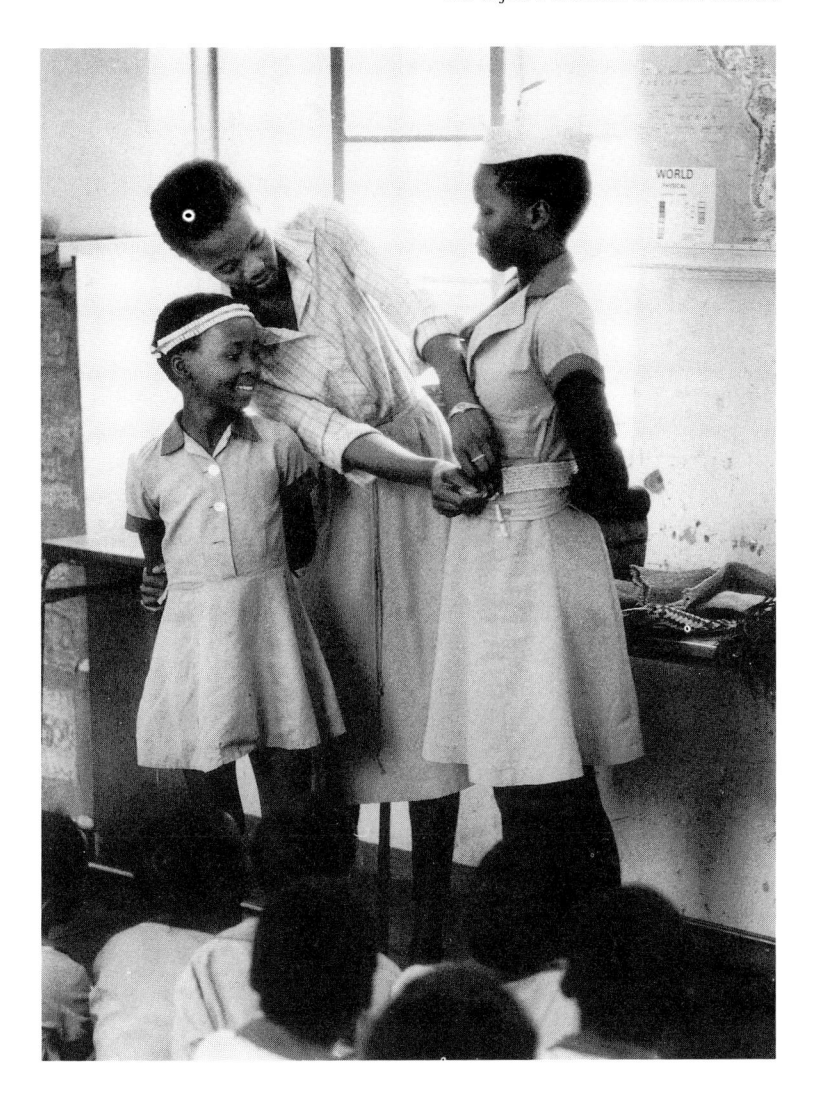

Burkina

Gaoua

066
Musée des civilisations du sud-ouest

B.P. 23, Gaoua

Chief Officer/Responsable: Désiré Some

Status/Statut: Provincial museum/Musée provincial

Collections: ethnography/ethnographie

Services: library; photographic library/bibliothèque; photothèque

History/Historique: Project started in 1976. Important collection of artefacts gathered since 1984. Inauguration anticipated in 1989/Projet de musée date de 1976. Importante collecte d'objets d'art historique depuis 1984. Inauguration prévue en 1989.

Ouagadougou

067
Musée national de Ouagadougou

B.P. 544, Ouagadougou

Tel/Tél: 30 73 89

Chief Officer/Responsable: Danango Zerbo

Status/Statut: National museum/Musée national

Opening hours/Heures d'ouverture: 07.00-12.30; 15.00-17.30 except Saturday and Sunday/sauf samedi et dimanche

Charges/Prix d'entrée: 300 F CFA

Collections: ethnography/ethnographie

Services: library/bibliothèque

History/Historique: Created prior to 1960. Building project under consideration/Initié avant 1960. Projet de construction en cours.

068
Musée national du Burkina

Route de l'Hôpital Yalgado
B.P. 7045, Ouagadougou

Tel/Tél: 30 73 89

Chief Officer/Responsable: Sanhour Meda

Status/Statut: National museum/Musée national

Opening hours/Heures d'ouverture: 8.30-12.30; 15.30-18.00 except Saturday and Sunday/sauf samedi et dimanche

Charges/Prix d'entrée: Nationals: 100 F, foreigners: 300 F/ Nationaux : 100 F, étrangers : 300 F

Collections: archaeology; ethnography/archéologie; ethnographie

Services: library/bibliothèque

History/Historique: Collections gathered on the colonial administration's initiative/Collections rassemblées sur l'initiative de l'administration coloniale.

Publications: Exhibition catalogue/Catalogue d'exposition

069
Musée provincial de Bobo

B.P. 544, Ouagadougou

Status/Statut: Provincial museum/Musée provincial

Collections: ethnography/ethnographie
History/Historique: Building renovated. Inauguration 1987/Bâtiment réaménagé. Inauguration en 1987.

Musée national du Burkina, Ouagadougou. Polychrome Mossi mask called Karan-Wemba used in the funeral rites of village elders and mask bearers/Masque Mossi polychrome dénommé Karan-Wemba utilisé pour les funérailles des anciens du village et des porteurs de masques. (Photo O. Nao)

Pobé

070
Musée de Pobé-Mengao

Pobé, Département de Mengao
Province du Soum

Chief Officer/Responsable: Jean-Baptiste Kiethega

Status/Statut: Municipal museum/Musée municipal

Charges/Prix d'entrée: gratis/gratuit

Collections: archaeology/archéologie

History/Historique: Built in 1979. Extension project started in 1987/Construction en 1979. Projet d'extension en 1987.

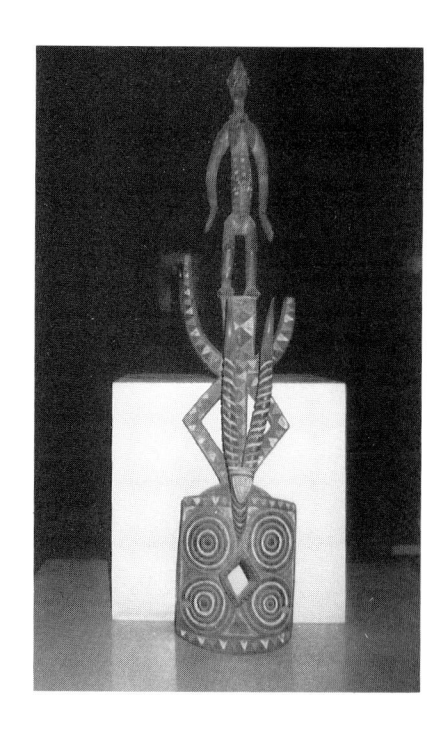

Burundi

Publications: Temporary exhibition catalogues; reports; slides/Catalogue d'expositions temporaires; rapports; diapositives

Bujumbura

071
Musée vivant de Bujumbura

B.P. 1095, Bujumbura

Tel/Tél: 2 6852

Chief Officer/Responsable: Etienne Barampangaje
Curator/Conservateur

Status/Statut: National museum/Musée national

Opening hours/Heures d'ouverture: 09.00-12.00; 14.00-18.00 except Monday/sauf lundi

Charges/Prix d'entrée: 200 F adults, 50 F children/200 F adultes, 50 F enfants

Collections: ethnography; folk art/ethnographie; traditions populaires

History/Historique: Created in 1977 for a temporary exhibition. Permanent museum in 1980. Extension project/Créé en 1977 pour une exposition temporaire. Devient musée permanent en 1980. Projet d'extension.

Gitega

072
Musée national de Gitega

B.P. 110, Gitega

Chief Officer/Responsable: Jacques Mapfarakora
Curator/Conservateur

Status/Statut: National museum/Musée national

Opening hours/Heures d'ouverture: 07.00-12.00; 14.00-17.00 Monday to Friday; 15.00-17.00 Saturday and 10.00-12.00; 15.00-17.00 Sunday/07.00-12.00; 14.00-17.00 du lundi au vendredi; 15.00-17.00 samedi et 10.00-12.00; 15.00-17.00 dimanche

Charges/Prix d'entrée: 100 F adults, 30 F children/100 F adultes, 30 F enfants

Collections: ethnography; folk art/ethnographie; traditions populaires

Services: library/bibliothèque

History/Historique: Housed in a building constructed by the Belgian colonial authorities in 1955. Originally the king's private residence, the museum became a state institution in 1960/Le bâtiment qui abrite le musée a été construit en 1955 par les autorités coloniales belges. D'abord propriété privée du roi, il est passé dans le domaine public en 1960.

Publications: Annual report/Rapport annuel

Cameroon
Cameroun

Bamenda

073
Musée de Bamenda*

Community Hall, Mankon
Bamenda

Status/Statut: Municipal museum/Musée municipal

Buea

074
Musée de Buea*

Délégation provinciale de l'Information et de la Culture
Buea

Status/Statut: Municipal museum/Musée municipal

Douala

075
Musée de Douala

B.P. 2085, Douala

Tel/Tél: 42 92 93

Chief Officer/Responsable: Jean Tchakoute

Status/Statut: National museum/Musée national

Opening hours/Heures d'ouverture: 07.30-12.00; 14.30-18.00 except Saturday and Sunday/sauf samedi et dimanche

Collections: archaeology; prehistory; ethnography/
archéologie; préhistoire; ethnographie

History/Historique: Created in 1952. Now under the Ministry of Information and Culture. Transfer planned/Créé en 1952. Aujourd'hui sous la tutelle du ministère de l'Information et de la Culture. Projet de transfert à l'étude.

Dschang

076
Foyer culturel de Dschang*

Dschang

077
Musée Bamilike*

B.P. 152, Dschang

Foumban

078
Musée des arts et traditions Bamoun*

Rue Artisanale, Foumban

Status/Statut: Provincial museum/Musée provincial

079
Musée du Palais royal du Sultan Bamoun*

B.P. 264, Foumban

Status/Statut: Private museum/Musée privé

Kousseri

080
Musée de Kousseri/Musée du Centre IFAN*

Fort Forreau, Kousseri

Status/Statut: National museum/Musée national

Limbé

081
Jardin botanique*

Divisional Service of Agriculture
Limbé

Status/Statut: National museum/Musée national

082
Jardin zoologique*

Divisional Service of Agriculture
Limbé

Status/Statut: National museum/Musée national

Maroua

083
Musée de Diamare*

Place du Marché
Maroua

Status/Statut: Municipal museum/Musée municipal

084
Musée de Maroua*

B.P. 36, Maroua

Mokolo

085
Musée de Mokolo*

Foyer culturel
Mokolo

Status/Statut: Municipal museum/Musée municipal

Yaoundé

086
Musée Alioune Diop
B.P. 876 or/ou B.P. 1539
Yaoundé

Tel/Tél: 22 09 56

Chief Officer/Responsable:
Engelbert Mveng

Status/Statut: Private museum/Musée privé

Opening hours/Heures d'ouverture:
07.30-12.30; 14.30-18.00 except Saturday and Sunday/sauf samedi et dimanche

Collections: archaeology; prehistory/archéologie; préhistoire

Services: library/bibliothèque

History/Historique: Founded in 1966 following the 1st World Festival of Negro Arts/Fondé en 1966 à la suite du 1er Festival mondial des arts nègres.

Publications: Museum catalogue (unpublished)/
Catalogue du musée (inédit)

087
Musée national*

Yaoundé

Status/Statut: National museum/Musée national

088
Petit musée d'art camerounais

B.P. 1178, Yaoundé

Tel/Tél: 22 09 47

Chief Officer/Responsable:
P. Omer Bauer

Status/Statut: Private museum/Musée privé

Opening hours/Heures d'ouverture:
15.00-18.00 except Monday, Tuesday, Wednesday and Friday, and on request/sauf lundi, mardi, mercredi et vendredi et sur rendez-vous

Charges/Prix d'entrée: voluntary contribution/
contribution volontaire

Collections: contemporary art/art contemporain

Services: library; photographic library/bibliothèque; photothèque

History/Historique: First room inaugurated in 1970. The museum comprises two rooms and a gallery in the Mt. Febe monastery/Inauguration de la première salle d'exposition en 1970. Le musée comprend deux salles et une galerie dans le monastère du Mont Febe.

Publications: Museum guide; postcards/Guide du musée; cartes postales

Musée de Douala. Exhibition area/Vue dans une salle d'exposition.

Central African Republic

Republique Centrafricaine

Bangassou

089
Musée Labasso*

Maison des Jeunes
B.P. 89, Bangassou

Bangui

090
Musée Barthélémy Boganda

B.P. 349, Bangui

Tel/Tél: 61 35 33

Chief Officer/Responsable:
Tite Passiri
Curator/Conservateur

Status/Statut: National museum/Musée national

Opening hours/Heures d'ouverture: 06.30-13.30 Monday to Friday; 07.00-12.00 Saturday, closed Sunday/06.30-13.30 du lundi au vendredi; 07.00-12.00 samedi, fermé le dimanche

Charges/Prix d'entrée: 200 F

Collections: ethnography; prehistory; natural history/ethnographie; préhistoire; histoire naturelle

Services: library; sound-archives/bibliothèque; phonothèque

History/Historique: Opened in 1966. Building renovated in 1983 and inaugurated in 1986/Ouvert en 1966. Bâtiment rénové en 1983 et inauguré en 1986.

091
Musée zoologique*

Bangui

Bouar

092
Musée ethnographique régional*

Bouar

Maboké

093
Musée de Maboké*

Maboké

Mbaiki

094
Musée botanique de Boukoko*

Mbaiki

Perroni

095
Musée d'art moderne de Perroni*

Perroni

Musée national tchadien, N'Djamena. Human masks in ceramic, from the Sao sanctuary of Bouta-Kabira/ Masques humains de céramique provenant du sanctuaire Sao de Bouta-Kabira.

Musée national tchadien, N'Djamena. Openwork pottery from Djourab/Poteries ajourées du Djourab.

Chad
Tchad

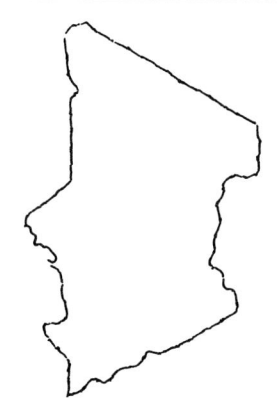

Abéché

096
Musée d'Abéché

Abéché

Chief Officer/Responsable:
Hassaballah Senoussi
Director/Directeur

Status/Statut: National museum/Musée national

Opening hours/Heures d'ouverture:
07.00-14.00 Monday to Thursday and Saturday; 07.00-12.00 on Friday, closed on Sunday and national holidays/07.00)14.00 du lundi au jeudi et le samedi; 07.00-12.00 le vendredi, fermé dimanche et jours fériés

Charges/Prix d'entrée: gratis/gratuit

Collections: ethnography/ethnographie

History/Historique: Project formulated in 1962; museum formally opened in 1984/Le projet date de 1962, mais l'ouverture a eu lieu en 1984.

N'Djamena

097
Musée national tchadien

B.P. 503, N'Djamena

Tel/Tél: 51 36 86

Chief Officer/Responsable:
Djamil Moussa Nene
Director/Directeur

Status/Statut: National museum/Musée national

Opening hours/Heures d'ouverture:
07.00-13.00; 15.00-17.00 weekdays/en semaine

Charges/Prix d'entrée: gratis/gratuit

Collections: general: prehistory; ethnography; archaeology; geology; natural history; contemporary art/mixtes: préhistoire; ethnographie; archéologie; géologie; histoire naturelle; art contemporain

History/Historique: Founded in 1962/Fondé en 1962.

Publications: Catalogue of collections/Catalogue des collections

M'Pongoue mask/Masque M'Pongoue. (Photo Unesco)

Congo

Brazzaville

098
Musée des sciences de la terre*

Ecole supérieure des sciences
Brazzaville

099
Musée Marien Ngouabi

B.P. 2480, Brazzaville

Chief Officer/Responsable:
Jaime Albert Ikili
Director/Directeur

Status/Statut: National museum/Musée national

Opening hours/Heures d'ouverture: Tuesday, Thursday, Saturday and Sunday/mardi, jeudi, samedi et dimanche

Charges/Prix d'entrée: gratis/gratuit

Collections: history/histoire

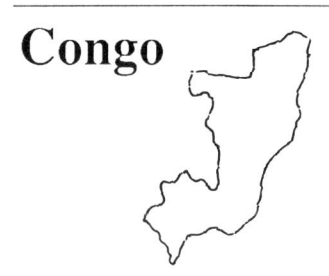

History/Historique: Founded to commemorate the assassination of President Ngouabi on 18.3.1977; contains several of his personal possesions/créé pour commémorer l'assassinat du Président Marien Ngouabi le 18.3.1977; plusieurs biens personnels du président sont exposés.

100
Musée national de Brazzaville

Avenue Patrice Lumumba
B.P. 459 Brazzaville

Tel/Tél: 83 37 13

Chief Officer/Responsable:
Feré Mpoukouo-Guie
Director/Directeur

Status/Statut: National museum/Musée national

Opening hours/Heures d'ouverture: 07.00-14.00 visit on request/visite sur demande

Collections: ethnography; archaeology/ethnographie; archéologie

Services: library/bibliothèque

History/Historique: Founded in 1968./Créé en 1968

Publications: Catalogue of the ethnographic collections/Catalogue des collections ethnographiques

101
Parc zoologique de Brazzaville

B.P. 2429, Brazzaville

Tel/Tél: 83 33 15
Chief Officer/Responsable:
Paul Stanislas N'Guié
Director/Directeur

Status/Statut: National museum/Musée national

Opening hours/Heures d'ouverture:
08.00-18.00 except Monday/sauf lundi

Charges/Prix d'entrée: 50 F children; 100 F adults/50 F enfants; 100 F adultes

Collections: zoology/zoologie

Services: library/bibliothèque

History/Historique: Created in 1952./Créé en 1952.

Publications: Catalogue and annual report/Catalogue et rapport annuel

Dwando

102
Musée de la Cuvette*

Dwando

Kinkala-Pool

103
Musée régional André Grenard Matsoua

B.P. 85 Kinkala-Pool
Tel/Tél: 85 20 14

Chief Officer/Responsable:
Bivigou-Nzeingui
Director/Directeur

Status/Statut: Regional museum/Musée régional

Opening hours/Heures d'ouverture:
07.30-12.00; 15.00-17.30 closed from Monday morning to Tuesday noon/fermé du lundi matin au mardi midi

Charges/Prix d'entrée: gratis/gratuit

Collections: ethnography; contemporary paintings/ethnographie; peinture contemporaine

History/Historique: Inaugurated in 1978/Inauguré en 1978.

Pointe-Noire

104
Musée régional "Ma-Loango" Diosso

B.P. 1225, Pointe-Noire
(Région du Kouilou)

Tel/Tél: 94 15 79

Chief Officer/Responsable: Joseph Kimfoko-Madoungou Director/Directeur

Status/Statut: Regional museum/Musée régional

Collections: ethnography; history/ethnographie; histoire

Services: photographic library/photothèque

History/Historique: Built in 1952 as a royal mansion and transformed into a museum in 1982. "Ma-Loango" (Head of the Territory) was a title given to all former kings/Cette ancienne résidence royale construite en 1952 a été transformée en musée en 1982. "Ma-Loango" (chef du territoire) était le titre qui était donné à tous les anciens rois.

Bamoun mask/Masque Bamoun. (Photo Unesco)

Côte d'Ivoire

Gouro mask/Masque Gouro. (Photo Unesco)

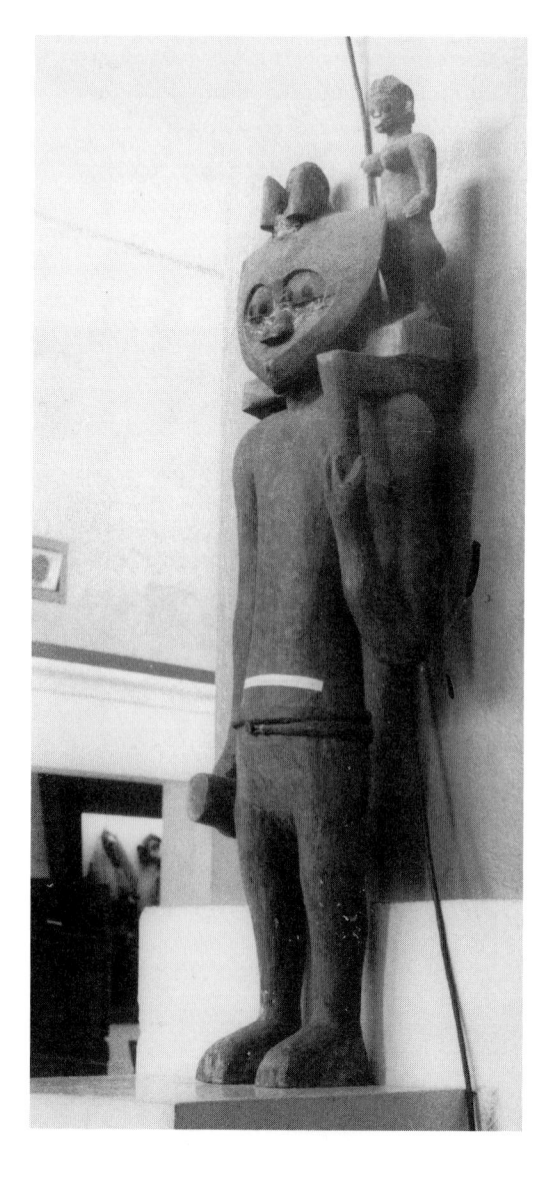

Musée national d'Abidjan. Sénoufo statue/
Statuette Sénoufo. (Photo Unesco)

Côte d'Ivoire

Abengourou

105
Musée de Zaranou

B.P. 10, Abengourou

Chief Officer/Responsable: Adom Assale
Curator/Conservateur

Status/Statut: Regional museum/Musée régional

Opening hours/Heures d'ouverture: 09.00-12.00; 15.00-18.00 except Monday and national holidays/sauf lundi et jours fériés

Charges/Prix d'entrée: gratis/gratuit

Collections: ethnography; folk art; natural history; photographs/ethnographie; arts et traditions populaires; histoire naturelle; photos

Services: photographic library/photothèque

History/Historique: Created in 1969, administered by the Ministry of Cultural Affairs since 1980. The original building, dating from 1892, was restored in 1981/Créé en 1969, pris en charge par le ministère des Affaires culturelles en 1980. Le bâtiment original, datant de 1892, a été restauré en 1981.

106
Musée régional Bieth d'Abengourou

B.P. 701, Abengourou

Chief Officer/Responsable:
Hubert Kouablan Kouakou
Director/Directeur

Status/Statut: Regional museum/Musée régional

Opening hours/Heures d'ouverture: 08.00-12.00; 15.00-17.30 except Saturday afternoon and Sunday/sauf samedi après-midi et dimanche

Charges/Prix d'entrée: gratis/gratuit

Collections: ethnography; contemporary art (Chad, Guinea, Senegal, Côte d'Ivoire)/ethnographie; art contemporain(Tchad, Guinée, Sénégal, Côte d'Ivoire)

History/Historique: Private collection constituted in 1980 and donated to the State in 1984/Collection privée constituée en 1980 et cédée à l'Etat en 1984.

Abidjan

107
Musée national d'Abidjan

01 B.P. 1600, Abidjan

Tel/Tél: 22 20 56

Chief Officer/Responsable: Yaya Savane Curator/Conservateur

Status/Statut: National museum/Musée national

Opening hours/Heures d'ouverture: 09.00-12.00; 15.00-17.45 except Sunday and Monday morning/sauf dimanche et lundi matin

Charges/Prix d'entrée: gratis/gratuit

Collections: ethnography; archaeology/ethnographie; archéologie

Services: library; photographic library/bibliothèque; photothèque

History/Historique: Creation of a handicraft centre in Abidjan in 1942. Major part of collections dates from 1944, with the creation of a local branch of IFAN. Exhibition room renovated and inaugurated in 1988/En 1942, création d'un centre artisanal à Abidjan. Collections formées à partir de la création du centre local de l'IFAN en 1944. Salle d'exposition rénovée et inaugurée en 1988.

Publications: Museum catalogue; activity report; slides./Catalogue du musée; rapport d'activités; diapositives

Bingerville

108
Musée régional Charles Combes

B.P. 15, Bingerville

Tel/Tél: 30 32 70

Chief Officer/Responsable: Edmond Charles Zoh Director/Directeur

Status/Statut: Regional museum/Musée régional

Opening hours/Heures d'ouverture: open Sunday and national holidays/ouvert dimanche et jours fériés

Charges/Prix d'entrée: gratis/gratuit

Collections: folk art; contemporary art/arts et traditions populaires; art contemporain
Services: photographic library; sound-archives/photothèque; phonothèque

History/Historique: Created in 1975. Declared regional museum in 1987/Créé en 1975. Statut de musée régional depuis 1987.

Bondoukou

109
Musée régional de Bondoukou

s/c de la Mairie
B.P. 433, Bondoukou

Chief Officer/Responsable: Gérard Kouame Kouacou
Director/Directeur

Status/Statut: Regional museum/Musée régional

Opening hours/Heures d'ouverture: 09.00-12.00; 15.00-18.00 except Sunday and Monday morning/sauf dimanche et lundi matin

History/Historique: Former colonial building restructured to house the museum due to open in 1989/Ancien bâtiment colonial réhabilité pour abriter le musée devant être ouvert au public en 1989.

Bonoua

110
Cases-musée de Bonoua

c/o Mairie, B.P. 195, Bonoua

Chief Officer/Responsable: Assamoi About

Status/Statut: Municipal museum/Musée municipal

Charges/Prix d'entrée: gratis/gratuit

Collections: ethnography/ethnographie

History/Historique: Created in 1980. Part of a cultural complex. Consists of four huts corresponding to ages of man governing community life/Créé en 1980. Intégré dans un complexe culturel et constitué de quatre cases correspondant aux classes d'âge régissant la communauté.

Duékoué

111
Musée Don Bosco

s/c de la Mairie
B.P. 271, Duékoué

Chief Officer/Responsable: Don Bosco family/Famille Don Bosco

Status/Statut: Private museum/Musée privé

Opening hours/Heures d'ouverture: temporarily closed following the founder's death/fermé temporairement suite au décès du fondateur

Collections: ethnography/ethnographie

History/Historique: Created by Don Bosco, in his home town, to increase awareness of the local culture/Musée constitué par Don Bosco, originaire de la région, pour faire connaître la culture locale.

Grand Bassam

112
Musée du Grand Bassam*

B.P. 311, Grand Bassam

113
Musée national du costume

B.P. 311, Grand Bassam

Tel/Tél: 30 14 15/30 13 70

Chief Officer/Responsable: Aminata Barro

Status/Statut: National museum/Musée national

Opening hours/Heures d'ouverture: 09.00-12.00; 15.00-17.45 except Tuesday morning/sauf mardi matin

Charges/Prix d'entrée: gratis/gratuit

Collections: costumes; photographs; models of dwellings/costumes; photographies; maquettes d'habitation

History/Historique: Created in 1981. Extension project 1988/Créé en 1981. Projet d'extension en 1988.

Vavoua

114
Musée du prophète Djouman Mihin

B.P. 18, Vavoua

Chief Officer/Responsable: Christophe Ballo

Status/Statut: Private museum/Musée privé

Opening hours/Heures d'ouverture: open when the family is there/ouvert en fonction de la présence de la famille

Charges/Prix d'entrée: gratis/gratuit

Collections: ethnography/ethnographie

History/Historique: Museum of a religious mission for the convergence of traditional and monotheistic beliefs; collections based on objects abandoned by adepts of the new religion/Musée de la Mission Convergente des Croyances Traditionnelles au Monothéisme; collections constituées à partir des objets abandonnés par les adeptes de la nouvelle religion.

Musée national d'Abidjan. Painting used to decorate Cubi dwellings/Peinture décorative des habitations Cubi, (Photo Unesco)

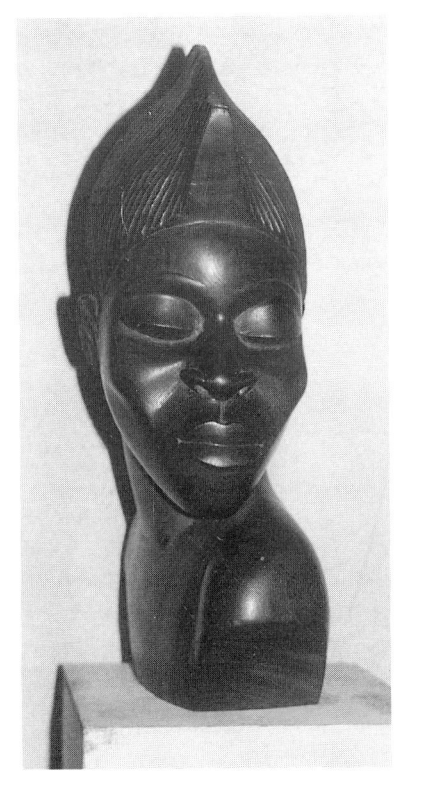

Musée régional Charles Combes, Bingerville.

Musée régional Charles Combes, Bingerville.
Sculpture of Bété woman with traditional hairstyle/
Femme Bété avec coiffure traditionnelle.

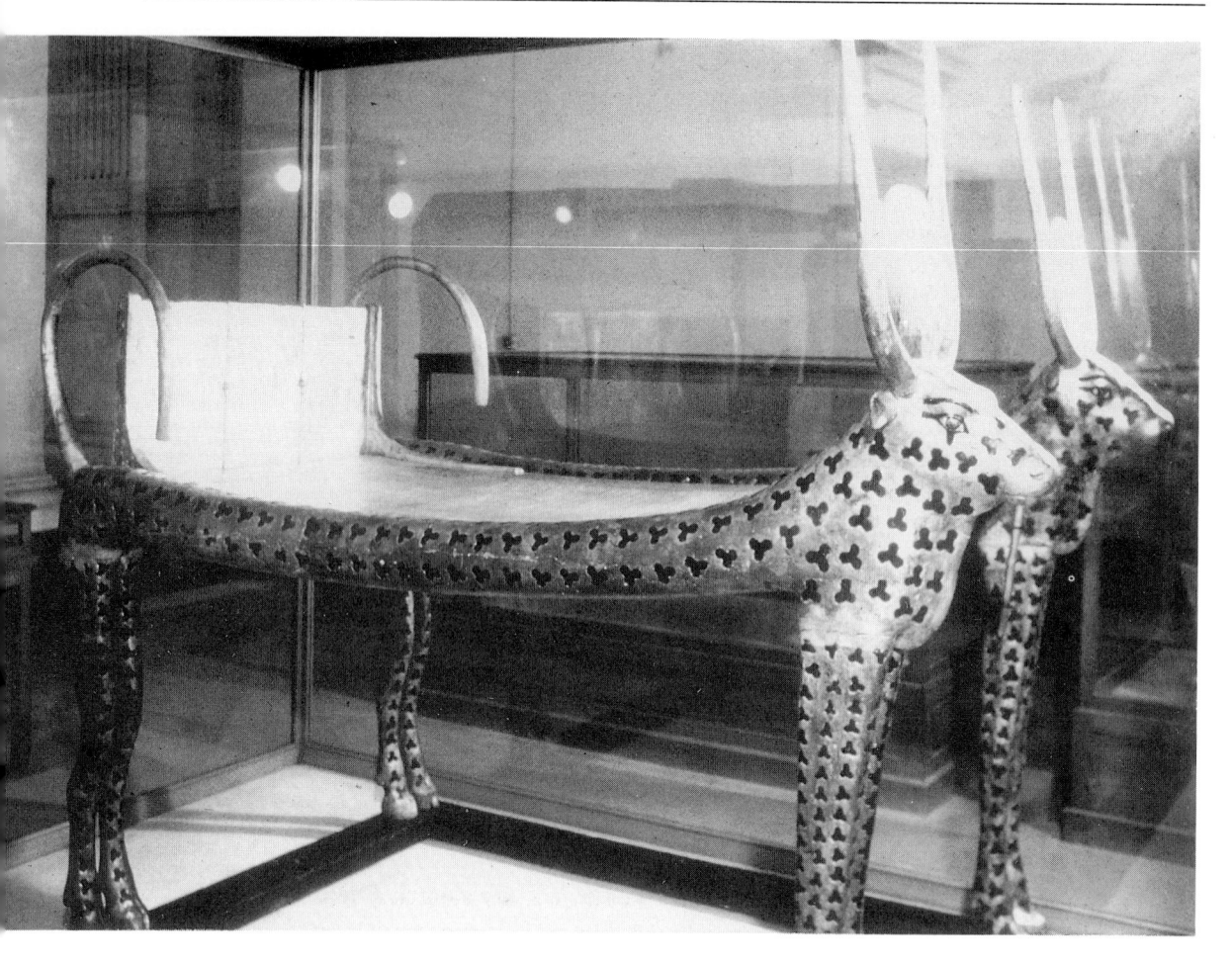

Egyptian Museum, Cairo. Tutankhamen's funerary bed/
Lit funéraire de Toutânkhamon. (© John Ross)

Luxor Museum. (Photo G. de Guichen)

Egypt
Egypte

Alexandria

115
Al-Montezah Palace Museum*

The Citadel
Alexandria

116
Anatomy and Pathology Museum*

University, Alexandria

Status/Statut: University museum/Musée universitaire

117
Aquarium*

Anfoushy, Kayeb Bay
Institute of Oceanographical Sciences
Alexandria

Status/Statut: National museum/Musée national

118
Hydrobiological Museum*

Institute of Hydrobiology
Alexandria

119
Municipal Museum*

Alexandria

Status/Statut: Municipal museum/Musée municipal

120
Museum of Fine Arts and Cultural Centre*

18 Sharia Menascha
Alexandria

Status/Statut: Municipal museum/Musée municipal

121
Museum of Greek and Roman Antiquities*

5, Al Mathaf Street
Alexandria

Status/Statut: National museum/Musée national

122
Museum of the Faculty of Fine Arts*

University of Alexandria
Alexandria

Status/Statut: University museum/Musée universitaire

123
National Royal Jewelry Museum

27, Ahmed Yehia Street
Zizinia, Alexandria

Tel/Tél: 586 83 48

Chief Officer/Responsable:
Hassan Abdel Shafy al Sheihk
Director/Directeur

Status/Statut: National museum/Musée national

Charges/Prix d'entrée:
50 pt/200 pt (foreigners/étrangers); 25 pt (students/étudiants); 100 pt (foreign students/étudiants étrangers)

Collections: general: jewelry/mixtes: bijoux

Services: library; conference room/bibliothèque; salle de conférence

History/Historique:
One of the many palaces turned into museums through Law 117 of 1983. Contains personal belongings, collections of gold watches and jewelry of Mohammed Ali and his descendants. The building, finished in 1923, also incorporates fine stained glass windows/Un des nombreux palais transformés en musées en accord avec la loi 117 de 1983. Présente des objets personnels, des collections de montres en or et des bijoux ayant appartenu à Mohammed Ali et à ses descendants. Le bâtiment, achevé en 1923, présente de beaux vitraux.

Publications: Museum guide (in preparation)/Guide du musée (en préparation)

124
Zoological Garden*

Alexandria

Status/Statut: Municipal museum/Musée municipal

Aswân

125
Mathaf Aswân*

Elephantine Island
Aswân Nubia
Status/Statut: National museum/Musée national

Cairo

126
Abdin Palace Museum*

Midan Gumhouria
Cairo

Status/Statut: National museum/Musée national

127
Agricultural Museum*

Sharia Kassab 2
Dokki, Cairo

Status/Statut: National museum/Musée national

128
Al-Gawhara Palace Museum

The Citadel, Cairo

Tel/Tél: 92 61 87

Chief Officer/Responsable: Ahmed Esmael Ahmed
Director/Directeur

Status/Statut: National museum/Musée national

Opening Hours/Heures d'ouverture: 08.00-18.00 Summer; 08.00-17.00 Winter/08.00-18.00 en été; 08.00-17.00 en hiver

Charges/Prix d'entrée: varies depending on nationality and status (students half price)/Varie en fonction de la nationalité et du statut du visiteur (demi-tarif pour les étudiants)

Collections: history; natural history/histoire; histoire naturelle

Services: Sound archives; conference room/phonothèque; salle de conference

History/Historique: Palace begun under Mohammed Ali in 1911; severely damaged through fire in 1972, it was restored in 1983 by the Egyptian Antiquities Organization/La construction du palais a debuté sous Mohammed Ali en 1911; sévèrement endommagé par le feu en 1972, le bâtiment a été restauré en 1983 par l'Organisation des Antiquités Egyptiennes.

Publications: Catalogue; Museum guide/Catalogue; Guide du musée

129
Anderson Museum*

Beit al-Kretleia
Sharia Gamis Ibn Touloun
Cairo

Status/Statut: National museum/Musée national

130
Aquarium*

Sharia Gabalaya, Gesira
Cairo

131
Boulac Car Museum*

Cairo

132
The Coptic Museum
Old Cairo, Cairo

Tel/Tél: 84 17 66; 84 77 42

Chief Officer/Responsable:
Gawdat Gabra
Director/Directeur

Status/Statut: National museum/Musée national

Opening Hours/Heures d'ouverture:
09.00-16.00 daily/tous les jours

Charges/Prix d'entrée: £E 2; students half price/£E 2; demi-tarif pour étudiants

Collections: archaeology/archéologie

Services: library; conference room; projection room/bibliothèque; salle de conférence; salle de projection

History/Historique: Founded in 1908 by public subscription, the museum opened in a building belonging to the Coptic church; put under State control in 1931. Collections based on religious objects from churches and monasteries, enlarged by collections from the Egyptian Museum transferred when a new wing was added in 1947. General renovation carried out in 1983/Fondé en 1908 grâce à une souscription publique, le musée a ouvert dans un bâtiment appartenant à l'église copte; il est sous le contrôle de l'Etat depuis 1931. Les collections sont constituées d'objets religieux provenant d'églises et monastères, et complétés par des objets du Musée Egyptien qui y ont été transférés quand une nouvelle aile a été ajoutée en 1947. Une rénovation générale a été réalisée en 1983.

Publications: Catalogue in preparation; museum guide (1967)/Catalogue en préparation; guide du musée (1967)

133
The Cotton Museum*

c/o Egyptian Agricultural Society, Khediv Ismael St., P.O. Box 63
Cairo

134
Education Museum*

3 Sharia Mansoor
Cairo

Status/Statut: National museum/Musée national

135
Egyptian Museum
Tahrir Square, Cairo

Tel/Tél: 75 42 67; 75 70 35; 76 03 90; 77 51 33

Chief Officer/Responsable:
Mohamed Mohsen
Director/Directeur

Status/Statut: National museum/Musée national

Opening Hours/Heures d'ouverture: 09.00-16.00; 09.00-11.15, 13.30-16.00 Friday; 09.00-15.00 during Ramadan/09.00-16.00; 09.00-11.15; 13.30-16.00 le vendredi; 09.00-15.00 le Ramadan

Charges/Prix d'entrée: £E 3; students half price; egyptology scholars gratis/£E 3; demi tarif pour étudiants; gratuit pour les chercheurs en egyptologie

Collections: archaeology/archéologie

Services: library; video room/bibliothèque; salle vidéo

History/Historique: The Antiquities Service first grouped the national antiquities into one collection in 1848. After several transfers to different locations it was transported to its present, dedicated site, a building in Graeco-Roman style erected between 1897 and 1902/Le Service des Antiquités avait d'abord regroupé les antiquités nationales en une collection en 1848. Après plusieurs transferts dans divers endroits, cette collection est installée dans un bâtiment de style gréco-romain, construit entre 1897 et 1902, spécialement aménagé à cet effet.

Publications: Catalogue of collections; museum guide; annual report (since 1900); postcards; slides; video/Catalogue des collections; guide du musée; "Annales du Service des Antiquités de l'Egypte" (depuis 1900); cartes postales; diapositives; vidéo

136
Entomological Museum*

14 Milika Nazli Street
Cairo

Status/Statut: National museum/Musée national

137
Geological Museum*

Sharia Kasr al-Enni
Ministry of Public Works
Cairo

Status/Statut: National museum/Musée national

138
History of Medicine and Pharmacy Museum*

Gamiaa (University of Cairo)
Cairo

Status/Statut: University museum/Musée universitaire

139
Irrigation Museum*

Kanater al-Khairia, Cairo Barrage
Cairo

140
Manial Palace Museum

El Saraya Street
El Manial, Cairo

Tel/Tél: 98 74 95

Chief Officer/Responsable: Atif Ghoneim
General Director/Directeur général

Status/Statut: National museum/Musée national

Opening Hours/Heures d'ouverture: 09.00-16.00 daily/tous les jours

Charges/Prix d'entrée: 25 pt (nationals); £E 1 (foreigners)/25 pt (égyptiens); £E 1 (étrangers)

Collections: archaeology/archéologie

Services: library/bibliothèque

History/Historique: Palace complex, built in 1901 in Islamic and Turkish styles, consisting of reception palace, mosque, hunting museum, residence palace, throne hall, private museum and "Golden Hall", as well as a big, exotic garden. Transformed into a museum in 1955/Le Palais construit en 1901 dans le style islamique et turc, comprend une salle de réception, une mosquée, un musée de la chasse, le palais résidentiel, la salle du trône, un musée privé, la "salle dorée", ainsi qu'un grand jardin exotique. Transformé en musée en 1955.

Publications: Museum guide (1979)/Guide du musée (1979)

141
Military Museum*

The Saladin Citadel
Cairo

Status/Statut: National museum/Musée national

142
Mohamed Aly Museum
Faculty of Agriculture
Shubrâ El Kheima, Cairo

Tel/Tél: 64 48 39

Chief Officer/Responsable: Hekmat Abdel-Shafy Aly
Director/Directeur

Status/Statut: National museum/Musée national

Opening Hours/Heures d'ouverture: closed for restoration/fermé pour restauration

Collections: history; natural history/histoire; histoire naturelle

History/Historique: Palace with period rooms from 1808/Palais et intérieurs historiques de 1808.

143
Mokhtar Museum*

Sahri Kasr el Nil
Cairo

144
Museum of Arab Culture*

Cairo

145
Museum of Criminology*

Police College Buildings
Cairo

Status/Statut: National museum/Musée national

146
Museum of Egyptian Civilisation*

18 Ismail Abu El Fetoub Street
Cairo

Status/Statut: National museum/Musée national

147
Museum of Geography and Ethnography*

Sharia Kasr al-Aini
Cairo

148
Museum of Hygiene*

Midan al-Gomhouria, Sakakini Palace
Cairo

Status/Statut: National museum/Musée national

149
Museum of Islamic Art

Ahmed Maher Square, Cairo

Tel/Tél: 390 15 20; 390 99 30

Chief Officer/Responsable:
Mahmoud Al Sebey
Director/Directeur

Status/Statut: National museum/Musée national

Opening Hours/Heures d'ouverture:
09.00-16.00 daily/tous les jours

Charges/Prix d'entrée: £E 2; students half price/£E 2; demi- tarif pour les étudiants

Collections: archaeology/archéologie
Services: library/bibliothèque

History/Historique: Constructed in 1902 and inaugurated in 1903, the museum underwent renovation in 1983; currently several extensions are being planned/Construit en 1902 et inauguré en 1903, le musée a été rénové en 1983; actuellement plusieurs projets d'extensions sont planifiés.

Publications: Catalogue (1937-1970); museum guide (1978; new guide in preparation); annual "Islamic archaeological Studies" since 1982; postcards; video/Catalogue (1937-1970); guide du musée (1978; nouvelle édition en préparation); revue annuelle; cartes postales; vidéo

150
Museum of Modern Art*

Shari Kasr el-Nil 4/18 Ismail Abu el Foutha
Cairo

Status/Statut: National museum/Musée national

151
Museum of Mohamed Mahmoud Khalil and his wife*

Sharia Sheik el-Marsafy 1, Zamalek
Cairo

Status/Statut: National museum/Musée national

152
Museum of Railways and Telecommunications*

Midan Ramses
Cairo

Status/Statut: National museum/Musée national

153
Museum of Royal Carriages
28 July Street, Cairo

Tel/Tél: 77 44 37

Chief Officer/Responsable: Safaa Mausa
Director/Directeur

Status/Statut: Private museum/Musée privé
Opening Hours/Heures d'ouverture: 08.00-16.00 daily/tous les jours

Collections: archaeology; history/archéologie; histoire

History/Historique: Principal building dates from 1863 with additions from 1928/Le bâtiment principal date de 1863, avec des extensions de 1928.

Publications: Catalogue; museum guide (1982)/Catalogue; guide du musée (1982)

154
Museum of the Revolution*

Cairo

Status/Statut: National museum/Musée national

155
Mustafa Kamel Museum*

Cairo

156
The Omma Museum*

Sharia Beit al Omma
Cairo

157
Pharaonic Museum*

Gamiaa (University of Cairo)
Cairo

Status/Statut: University museum/Musée universitaire

158
Postal Museum*

Midan al-Ataba (1st floor, Central Post Office Building)
Cairo

Status/Statut: National museum/Musée national

159
Scientific Research Museum*

Kasr el-Eini Street
Cairo

160
Transport Museum*

Ahmed Maher Pacha
Cairo

El Alamein

161
El Alamein Military Museum*

El Alamein

Status/Statut: National museum/Musée national

El Ghardaga

162
El Ghardaga Aquarium*

Marine Biological Station
El Ghardaga

Status/Statut: University museum/Musée universitaire

Giza

163
Zoological Garden*

Sharia Giza 30
Giza

164
Pyramids Rest House Museum*

Giza

165
Cheop's Boats Museum/Musée des bâteaux de Chéops*

Giza

Status/Statut: National museum/Musée national

Closed to the public/Fermé au public

166
Nagi Museum*

Giza

167
Orman Botanic Garden*

Giza

Status/Statut: National museum/Musée national

Heliopolis

168
Sahara Museum*

Heliopolis

Helwân

169
Helwân Palace Museum*

Helwân Istrabat
Helwân

Ismailia

170
Ismailia Museum*

Sharia Mohamed Ali
Ismailia

Luxor

171
Luxor Museum*

Luxor

Mallawy

172
Minia Museum*

Mallawy (Al-Minya Province)

Status/Statut: National museum/Musée national

Port Said

173
Port Said Military Museum*

Port Said

Status/Statut: National museum/Musée national

Rashid

174
National Rosetta Museum
El Bahara, Rashad

Tel/Tél: 92 17 33

Chief Officer/Responsable: Neaiz Allsaid Abozaid
Director/Directeur

Status/Statut: National museum/Musée national

Opening Hours/Heures d'ouverture:
08.00-16.00; 08.00-11.15, 12.30-16.00
Friday/08.00-16.00; 08.00-11.15; 12.30-16.00 le vendredi

Charges/Prix d'entrée:£E 1; Egyptians and students half price/£E 1; demi-tarif pour égyptiens et étudiants

Collections: history/histoire

Services: library/bibliothèque

History/Historique: The biggest and most famous building in Rashad houses the collection detailing the history of Rosetta. Collections of Ottoman art and museum garden/Le plus grand et plus célèbre bâtiment der Rashad abrite une collection retraçant l'histoire de Rosetta. Collections d'art ottoman et jardin.

Publications: Guide: "Rosetta monuments" (1985)/Guide du musée (1985)

175
Rashid Military Museum*

Rashid

Saint Catherine

176
Museum and Library of the Monastery of Saint Catherine*

Sinai Peninsula
Saint Catherine

Sirs-al-Layyan

177
Sirs-al-Layyan Museum (Rural Museum)*

Arab States Fundamental Education Centre (ASFEC)
Sirs-al-Layyan

Chief Officer/Responsable:
Hasan El Mansob Ibrahim
Director/Directeur

Status/Statut: Regional museum/Musée regional

Collections: archaeology/archéologie

Services: library/bibliothèque

History/Historique: Established in 1980 by the Egyptian Antiquities Organization/Etabli en 1980 par l'Organisation des Antiquités Egyptiennes.

Suez

178
Aquarium*

Attaqa, P.O. Box 128
Suez

179
Museum of the Suez Canal*

Suez

Tanta

180
Tanta Antiquities Museum
Tanta (Nady Post)

Tel/Tél: 32 90 03

Wadi al-Natrum

181
Dair as Surîân Museum (Coptic Museum)*

Wadi al-Natrum

Egypt/Egypte

Egyptian Museum, Cairo. Squatting scribe; painted limestone. Around 2475 BC/Scribe accroupi; calcaire peint. Vers 2475 av. JC. (© John Ross)

Egyptian Museum, Cairo. (Photo G. de Guichen)

Egyptian Museum, Cairo. Interior/Vue intérieure. (Photo G. de Guichen)

Ethiopia
Ethiopie

Addis Ababa

182
Museum of the Holy Trinity Church of Ethiopia*

P.O. Box 3137, Addis Ababa

183
Museum of the Institute of Ethiopian Studies*

National University
Yekatit 12 Square
P.O. Box 1176, Addis Ababa

Status/Statut: University museum/Musée universitaire

184
National Museum of Ethiopia

P.O. Box 76, Addis Ababa

Tel/Tél: 11 71 50

Chief Officer/Responsable: Mamo Tessema

Status/Statut: National museum/Musée national

Opening hours/Heures d'ouverture: 13.00-17.00 only open on Sunday/ouvert seulement le dimanche

Charges/Prix d'entrée: 1 Birr

Collections: general: prehistory; ethnography; archaeology; contemporary art/mixtes: préhistoire; ethnographie; archéologie; art contemporain

Services: conference room; projection room/salle de conférence; salle de projection

History/Historique: Officially founded in 1966. Original collection of archaeological objects excavated by a Franco-Ethiopian scientific expedition in 1954-55/Fondé en 1966. Collection originale de pièces archéologiques provenant de fouilles entreprises par une mission scientifique franco-éthiopienne en 1954-1955.

185
War Museum*

Unity Square
P.O. Box 1373, Addis Ababa

Status/Statut: National museum/Musée national

186
Zoological Garden*

Addis Ababa

Status/Statut: Municipal museum/Musée municipal

187
Archaeological Museum*

Ethiopian Institute of Archaeology
B.P. 1907, Addis Abeba

188
Natural History Museum

Box 1176, Addis Ababa

Tel/Tél: 12 91 10

Chief Officer/Responsable:
Ato Afework Bekele
Director/Directeur

Status/Statut: University museum/Musée universitaire

Opening hours/Heures d'ouverture:
09.00-12.00 except Monday, Wednesday, Friday; 10.00-16.00 Saturday, Sunday and national holidays/ 09.00-12.00 sauf lundi, mercredi, vendredi; 10.00-16.00 samedi, dimanche et jours fériés

Charges/Prix d'entrée: 50 c adults, 25 c children/50 c adultes, 25 c enfants

Collections: natural history; prehistory/histoire naturelle; préhistoire

Services: library/bibliothèque

History/Historique: Based on private collections of S. Patrizi and Prof. S. Chojnack. Formally established in 1964/Créé à partir des collections privées de S. Patrizi et du Prof. S. Chojnack. Ouvert officiellement en 1964.

Publications: Checklist of birds and mammals/Répertoire des oiseaux et des mammifères

Asmara

189
Asmara Museum
Min. of Culture & Sports
Eritrea Region Branch
P.O. Box 1265, Asmara

Tel/Tél: 11 98 07

Chief Officer/Responsable: Isaac Yared
Director/Directeur

Status/Statut: Regional museum/Musée régional

Opening hours/Heures d'ouverture:
08.00-12.00; 13.00-16.00 except Saturday and Sunday/sauf samedi et dimanche
Charges/Prix d'entrée: gratis/gratuit

Collections: archaeology; ethnography/archéologie; ethnographie

Services: photographic library/photothèque

History/Historique: Collections started in 1907 from excavations at Adulis, an ancient Red Sea port. Formerly administered by the Italian government until transferred to the Ministry of Culture & Sports in 1984/Collection formée en 1907 à partir des fouilles d'Adulis, ancien port sur la Mer Rouge. Musée passé de la tutelle du gouvernement italien à celle du ministère de la Culture et des Sports éthiopien en 1984.

Awasa

190
City Museum*

Awasa (Yirgalem)

Status/Statut: National museum/Musée national

Axum

191
National Museum, Axum Branch*

Axum

Status/Statut: National museum/Musée national

Debre-Zeyt

192
Heroes Centre*

Ministry of National Defense
Debre-Zeyt

Gonder

193
Castle Museum*

Ministry of Culture
Gonder

Status/Statut: National museum/Musée national

Harar

194
City Museum and Library*

Harar

Status/Statut: National museum/Musée national

Makale

195
City Museum*

Makale

Status/Statut: National museum/Musée national

Sodo

196
City Museum*

Wollamo, Sodo

Status/Statut: Municipal museum/Musée municipal

Asmara Museum.

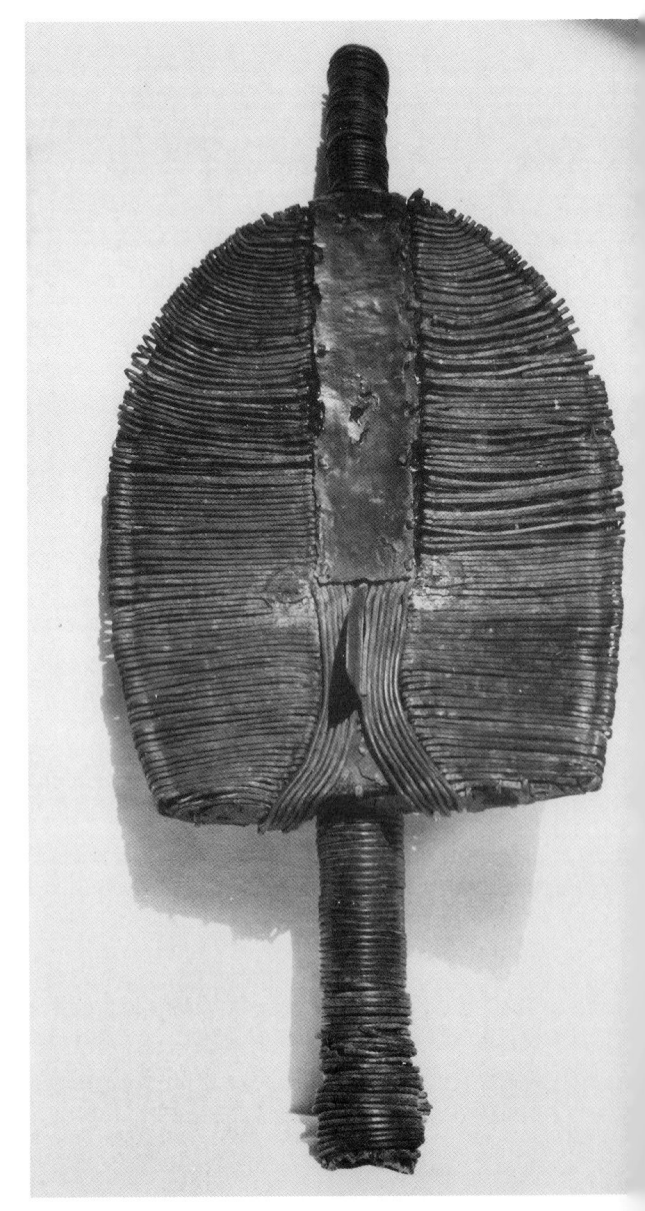

Musée national des arts et traditions, Libreville.

Musée national des arts et traditions, Libreville.

Gabon

Libreville

197
Musée national des arts et traditions

B.P. 4018, Libreville

Tel/Tél: 76 14 56/74 41 29

Chief Officer/Responsable:
Pierre Ayamine Anguilet
Director/Directeur

Status/Statut: National museum/Musée national

Opening hours/Heures d'ouverture: 08.00-12.00; 15.00-18.00 except Saturday afternoon, Sunday and national holidays/sauf samedi après-midi, dimanche et jours fériés

Charges/Prix d'entrée: gratis/gratuit

Collections: ethnography; folk art/ethnographie; traditions populaires

Services: library; photographic library; sound-archives; conference room/bibliothèque; photothèque; phonothèque; salle de conférence

History/Historique: Inaugurated in 1963 as the "Petit Musée" and renamed "Musée des arts et traditions" in 1967. Administered by the Gabonese government as of 1975, and transferred into the Elf building in 1978/Inauguration du "Petit Musée" en 1963, rebaptisé "Musée des arts et traditions" en 1967, administré par le gouvernement gabonais à partir de 1975 et transféré dans le bâtiment Elf en 1978.

Publications: Catalogues of collections; catalogue of sound documents (1987); monographs/Catalogue des collections : "Art et artisanat Tsogho" (1975) ; "Gabon, culture et technique" (1969); Catalogue des documents sonores (1987); Monographies : "Jeux du Gabon" (1987) ; "Masques du Gabon" (1988) ; "Contes du Gabon" (1988)

Gambia
Gambie

Banjul

198
The Gambia National Museum

Independence Drive
Banjul

Tel/Tél: 26244

Telex/Télex: 2204 PRESOF GV

Chief Officer/Responsable:
Burama K. Sagnia
Curator/Conservateur

Status/Statut: National museum/Musée national

Opening hours/Heures d'ouverture: 09.00-16.00 Monday to Thursday; 09.00-13.00 Friday and Saturday; closed Sunday/09.00-16.00 du lundi au jeudi; 09.00-13.00 vendredi et samedi; fermé le dimanche

Charges/Prix d'entrée: 5.00 D overseas visitors, 50 b adult citizens/5.00 D visiteurs étrangers, 50 b nationaux

Collections: general: ethnography; archaeology; history/mixtes: ethnographie; archéologie; histoire

Services: library; photographic library/bibliothèque; photothèque

History/Historique: Collection started in 1970 by a voluntary organization with the aim of establishing a museum. First exhibition in 1971. Administered by the government Museums and Antiquities Division, created in 1983. Branch museums at historic sites in preparation/Collection rassemblée en 1970 par un organisme volontaire dans le but de créer un musée. Première exposition temporaire organisée en 1971. Direction assurée par le Service des musées et des antiquités, créé en 1983. Musées régionaux en projet sur les sites historiques.

Publications: Museum guide; occasional publications; museum bulletin/Guide du musée; publications périodiques; bulletin du musée

Ghana

Aburi

199
Aburi Botanical Garden

P.O. Box 23, Aburi

Tel/Tél: 081-3055 Ext. 22

Telex/Télex: HORTICUL, ABU

Chief Officer/Responsable: George Owusu-Afriyie

Status/Statut: National museum/Musée national

Opening hours/Heures d'ouverture: 06.00-18.00 every day/tous les jours

Charges/Prix d'entrée: 100 c adults, 50 c children/100 c adultes, 50 c enfants

Collections: natural history/histoire naturelle

Services: conference room/salle de conférence

History/Historique: Officially opened in 1890/Ouverture officielle en 1890.

Publications: Annual report; guide book/Rapport annuel; guide

Accra

200
Ghana National Museum*

Barnes Road
P.O. Box 3343, Accra

Tel/Tél: 22 16 33

Status/Statut: National museum/Musée national

201
Museum of the Department of Geological Surveys*

Department of Geological Surveys
Accra

Status/Statut: National museum/Musée national

202
Museum of Science and Technology

P.O. Box 3343
Liberia Road, Accra

Tel/Tél: 22 39 63

Chief Officer/Responsable: E.A. Asante Director/Directeur

Ghana National Museum, Accra. Exhibition area/
Vue d'une salle d'exposition. (Photo C. Antomarchi)

Ghana National Museum, Accra. (Photo C. Antomarchi)

Status/Statut: National museum/Musée national

Opening hours/Heures d'ouverture: 09.00-18.00

Charges/Prix d'entrée: $1.00 foreigners; c100.00 Ghanaians/1,00 $ étrangers; 100 c Ghanéens

Collections: general: archaeology; ethnography; arts/mixtes: archéologie; ethnographie; beaux-arts

Services: library; photographic library; conference room; projection room/bibliothèque; photothèque; salle de conférence; salle de projection

History/Historique: Started as private collections belonging to the Achimota College prior to 1953. Transferred to the archaeological department of the University of Accra in 1948, then to the present building where it was established as a public museum in 1957/A l'origine, collection privée appartenant à l'Achimota College et constituée avant 1953. Transférée au département d'archéologie de l'université du Ghana en 1948, puis installée dans le bâtiment actuel où elle est passée dans le domaine public en 1957.
Publications: National museum handbook; occasional papers; annual reports/Guide du musée; documents périodiques; rapports annuels

203
Police Museum*

Police Depot, Accra

Cape Coast

204
University of Cape Coast Museum*

University of Cape Coast
Cape Coast

Status/Statut: University museum/Musée universitaire

205
West African Historical Museum

P.O. Box 281, Cape Coast

Tel/Tél: 2701

Chief Officer/Responsable: D.E.K. Amenumey Director/Directeur

Status/Statut: National museum/Musée national

Opening hours/Heures d'ouverture: 08.00-13.00

Charges/Prix d'entrée: 200 c

Collections: history; archaeology; ethnography/histoire; archéologie; ethnographie

Services: library; conference room; concert hall/bibliothèque; salle de conférence; salle de concert

History/Historique: Opened in 1974 to help research workers and students of

West African history to study and carry out research. Housed in Cape Coast castle, built by the British in 1662/Créé en 1974 pour aider les chercheurs et les étudiants en histoire de l'Afrique de l'Ouest à mener leurs travaux de recherche et d'étude. Installé dans le château de Cape Coast, construit par les Anglais en 1662.

Publications: Report; slides/Rapport; diapositives

Ho

206
Volta Regional Museum

P.O. Box 340, Ho

Tel/Tél: 403

Chief Officer/Responsable:
Paul Dwamenah
Curator/Conservateur

Status/Statut: Regional museum/Musée régional

Opening hours/Heures d'ouverture:
08.00-18.00 except Monday/sauf lundi

Charges/Prix d'entrée: 50 c adult citizens, 100 c foreigners/50 c adultes ghanéens, 100 c étrangers

Collections: general: archaeology; ethnography; history; paintings; contemporary art/mixtes: archéologie; ethnographie; histoire; peinture; art contemporain

History/Historique: Opened in 1974, it is the first national regional museum opened in Ghana/Ouvert en 1974, c'est le premier musée régional créé au Ghana.

Publications: Permanent exhibition catalogue; catalogues of temporary exhibitions/Catalogue des collections permanentes et des expositions temporaires

Kumasi

207
Ghana Armed Forces Museum

Uaddara Barracks
Kumasi

Tel/Tél: Kumasi 5331 ext. 214

Chief Officer/Responsable:
Major G.M. Tse (Rtd)
Curator/Conservateur

Status/Statut: National museum/Musée national

Opening hours/Heures d'ouverture:
09.00-14.00 except Sunday; 09.00-12.00 on Saturday/09.00-14.00 sauf dimanche; 09.00-12.00 le samedi

Charges/Prix d'entrée: 20 c

Collections: military/militaire

History/Historique: Established in 1952 in Fort George. The original Fort, dating from 1820, was destroyed in 1874 and rebuilt in 1897-98. Major renovations and extensions in 1912 and 1931/Installé au

Fort George en 1952. L'ancien fort, datant de 1820, fut détruit en 1874, puis reconstruit en 1897-98. Importants travaux de rénovation et d'extension réalisés en 1912 et 1931.

208
Ghana National Cultural Centre Zoological Gardens*

Ghana National Cultural Centre
P.O. Box 3148, Kumasi

Status/Statut: National museum/Musée national

209
Prempeh II Jubilee Museum*

Bantama Street
Ghana National Cultural Centre
P.O. Box 3085, Kumasi

Status/Statut: National museum/Musée national

Legon

210
Ethnography Museum*

Institute of African Studies
University of Ghana
BP 73, Legon

Status/Statut: University museum/Musée universitaire

211
Geological Collections*
University of Ghana
Legon

Status/Statut: University museum/Musée universitaire

212
Ghana Herbarium

Botany Department
Legon

Tel/Tél: 358/75381

Chief Officer/Responsable:
Angelina Mensah
Director/Directeur

Status/Statut: National museum/Musée national

Opening hours/Heures d'ouverture:
08.30-12.45; 14.00-16.45 except Saturday and Sunday/sauf samedi et dimanche

Charges/Prix d'entrée: gratis/gratuit

Collections: natural history; archaeology/histoire naturelle; archéologie

Services: library; photographic library/bibliothèque; photothèque

History/Historique: The Herbarium at the University College of the Gold Coast at Achimota was moved to the present site at Legon in 1948 to form the nucleus of the present Ghana Herbarium/L'Herbarium d'Achimota a été transféré dans les locaux actuels de Legon en 1948 pour former les premières collections de l'Herbarium du Ghana.

213
Museum of the Department of Archaeology*

University of Ghana
P.O. Box 3, Legon

Status/Statut: University museum/Musée universitaire

214
Zoology Museum

Zoology Department
University of Ghana
Legon

Tel/Tél: 75381 Ext. 8446/7/8/9

Chief Officer/Responsable:
Millicent A. Cobblah
Curator/Conservateur

Status/Statut: University museum/Musée universitaire

Opening hours/Heures d'ouverture:
09.00-12.30; 13.30-17.00 weekdays by appointment/en semaine et sur rendez-vous

Charges/Prix d'entrée: gratis/gratuit

Collections: zoology: teaching and reference collections of vertebrates and invertebrates/zoologie : collections éducatives et de référence des vertébrés et des invertébrés
History/Historique: Major part of collection acquired in 1948. Entomology department founded in 1966. Acquisition of various ducational aids anticipated/Grande partie de la collection acquise en 1948. Département d'entomologie créé en 1966. Projet d'acquisition de matériel éducatif.

Ghana Armed Forces Museum, Kamasi.

Guinea
Guinée

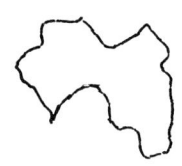

Beyla

215
Musée régional de Beyla*

ICCRDG
B.P. 561, Beyla

Status/Statut: Regional museum/Musée régional

Boké

216
Musée préfectoral de Boké

B.P. 01, Boké

Chief Officer/Responsable: Kaba Sory Director/Directeur

Status/Statut: Regional museum/Musée régional

Opening hours/Heures d'ouverture: From 07.30 every day/A partir de 07.30 tous les jours

Charges/Prix d'entrée: gratis/gratuit

Collections: ethnography/ethnographie

History/Historique: Museum inaugurated in 1982. Housed in a small fort constructed in 1878/Inauguration du musée en 1982. Installé dans un fortin datant de 1878.

Publications: Museum guide; "History of Boké Prefecture 1866-1958"; newsletter/Guide du musée; monographie : historique de la Préfecture de Boké de 1866-1958; bulletin d'information

Conakry

217
Musée botanique*

Institut polytechnique
B.P. 1147, Conakry

218
Musée géologique*

Institut polytechnique
B.P. 1147, Conakry

219
Musée national de Sandervalia

B.P. 617, Conakry

Tel/Tél: 44 50 40

Chief Officer/Responsable: Moussa Kourouma
Director/Directeur

Status/Statut: National museum/Musée national

Opening hours/Heures d'ouverture: 08.00-15.00; 16.00-18.00 Monday to Saturday; 16.00-18.00 Sunday/08.00-15.00; 16.00-18.00 du lundi au samedi; 16.00-18.00 le dimanche

Charges/Prix d'entrée: gratis/gratuit

Collections: general: ethnography; archaeology; natural history; contemporary art/mixtes: ethnographie; archéologie; histoire naturelle; art contemporain

Services: library; sound-archives; photographic library; conference room/bibliothèque; phonothèque; photothèque; salle de conférence

History/Historique: First collections gathered in 1947 during the colonial period. Relocated to present building in 1979. Extension project in progress/Premières collections rassemblées en 1947 pendant la période coloniale et transférées dans le bâtiment actuel en 1979. Projet d'extension en cours de réalisation.

Publications: Leaflets; various catalogues; monographs; bi-annual bulletin; slides; postcards/Dépliants; "Instruments de Musique traditionnels : La Guinée profonde" (1988); "Armes traditionnelles" (1987); "Méthodes traditionnelles de Conservation : éléments de muséographie traditionnels"; bulletin semestriel "Chefs-d'oeuvre de l'art guinéen"; diapositives; cartes postales

Kissidougou

220
Musée régional

B.P. 21, Kissidougou

Chief Officer/Responsable: Sinkoun Diakite
Director/Directeur

Status/Statut: Regional museum/Musée régional

Opening hours/Heures d'ouverture: 07.30-15.00 Saturday to Thursday; 07.30-13.00 on Friday, closed on Sunday/07.30-15.00 du samedi au jeudi; 07.30-13.00 le vendredi, fermé le dimanche

Charges/Prix d'entrée: gratis/gratuit

Collections: general: ethnography; archaeology; geology; natural history; contemporary art/mixtes: ethnographie; archéologie; géologie; histoire naturelle; art contemporain

Services: photographic library/photothèque

History/Historique: Created in 1971/Créé en 1971.

Musée préfectoral de N'Zerekore.

Musée préfectoral de Boké. "Yombofissa": bust of a girl/Buste de jeune fille.

Musée préfectoral de Boké. "Yombofissa": bust of a girl/Buste de jeune fille.

Publications: Museum catalogue; monographs; bulletin "Kissi-Recherches"; annual reports/Catalogue du musée; monographies; revue "Kissi-Recherches"; rapports annuels

Koundara

221
Musée préfectoral

Préfecture, Koundara

Chief Officer/Responsable: Samuel Mpouna Coline
Director/Directeur

Status/Statut: Regional museum/Musée régional

Opening hours/Heures d'ouverture: 07.30-15.00 except Sunday/sauf dimanche

Charges/Prix d'entrée: gratis/gratuit

Collections: ethnography/ethnographie

History/Historique: Created in 1962 as a village-museum/Créé en 1962 sous forme de village-musée.

N'Zerékoré

222
Musée annexe*

B.P. 14, N'Zerékoré

223
Musée ethnographique

Musée préfectoral
B.P. 18 N'Zerekore

Tel/Tél: 91 01 68

Chief Officer/Responsable: Mara Kan Fela
Director/Directeur

Status/Statut: National museum/Musée national

Opening hours/Heures d'ouverture: 07.30-15.00 except Sunday/sauf dimanche

Charges/Prix d'entrée: gratis/gratuit

Collections: ethnography; folk art/ethnographie; traditions populaires

History/Historique: Created in 1962/Créé en 1962.

Publications: Annual reports/Rapports annuels

Guinea-Bissau
Guinée-Bissau

Services: library; conference room; projection room /bibliothèque; salle de conférence; salle de projection

History/Historique: Inaugurated in 1988/Inauguré en 1988.

Publications: Museum guide/Guide du musée

Bissau

224
Museu da Guiné*

Praça do Império
C.P. 37, Bissau

225
Museu etnográfico nacional

Complexo escolar
C.P. 338, Bissau

Tel/Tél: 21 56 00/21 27 13

Chief Officer/Responsable: Leonardo Cardoso
Director/Directeur

Status/Statut: National museum/Musée national

Opening hours/Heures d'ouverture: 09.00-12.00; 16.00-18.30

Charges/Prix d'entrée: gratis/gratuit

Collections: ethnography/ethnographie

Kenya

Hyrax Hill

226
Hyrax Hill Site Museum*

Hyrax Hill

Kariandusi

227
Kariandusi prehistoric Site Museum*

P.O. Box 32, Gilgil

Kitale

228
National Museum of Western Kenya*

P.O. Box 1219, Kitale

Status/Statut: National museum/Musée national

Lamu

229
Lamu Museum

P.O. Box 48, Lamu

Tel/Tél: 0121-3073

Chief Officer/Responsable: Athman Lali Omar
Curator/Conservateur

Status/Statut: Regional museum/Musée régional

Opening hours/Heures d'ouverture: 07.30-18.00

Charges/Prix d'entrée: Foreigners : Kshs. 30, residents : Kshs. 10/Etrangers : 30 Kshs., résidents : 10 Kshs.

Collections: ethnography/ethnographie

Services: library; projection room/bibliothèque; salle de projection

History/Historique: Opened in 1971. Building dates from 1892/Ouvert en 1971. Le bâtiment date de 1892.

Publications: "Lamu Town Conservation Plan" (1988), slides, postcards/Plan de conservation de Lamu (1988), diapositives, cartes postales.

Malindi

230
Gedi Ruins Museum*

P.O. Box 150, Malindi

Status/Statut: National museum/Musée national

Meru

231
Meru Museum*

St. Pauls Road
P.O. Box 597, Meru

Status/Statut: Provincial museum/Musée provincial

Mombasa

232
Fort Jesus Museum*

P.O. Box 2412, Mombasa
Status/Statut: National museum/Musée national

Nairobi

233
Herbarium*

Ainsworth Hill
P.O. Box 5166, Nairobi

Status/Statut: National museum/Musée national

234
National Museum of Kenya*

P.O. Box 40658, Nairobi

Status/Statut: National Museum/Musée national

235
New Stanley Art Gallery*

Kimathi Street
P.O. Box 75, Nairobi

236
Olorgesailie Prehistoric Site Museum*

Magadi Road
c/o P.O. Box 239, Nairobi

Status/Statut: National museum/Musée national

Kenya

237
Serpentarium*

P.O. Box 40658, Nairobi

Status/Statut: National museum/Musée national

Fort Jesus Museum, Mombasa. Exterior of the 16th c. Portuegese fortress/Extérieur de la forteresse portugaise du XVIe s.
(Photo G. de Guichen)

Lesotho

Maseru

238
Lesotho National Museum*

P.O. Box 1125, Maseru 100

Status/Statut: National museum/Musée national

Morija

239
Museum of Lesotho*

P.O. Box 4, Morija

Liberia

Harper

240
William V.S.Tubman Library and Museum*

Harper, Cape Palmas
Maryland County

Monrovia

241
Biology Museum*

University of Liberia
Monrovia

Status/Statut: University museum/Musée universitaire

242
National Museum of Liberia

Corner of Broad and Buchanan Streets
Box 9021, Monrovia

Tel/Tél: 221066

Chief Officer/Responsable:
Burdie Urey-Weeks
Director/Directeur

Status/Statut: National museum/Musée national

Opening hours/Heures d'ouverture:
08.00-16.00 Monday to Friday; 10.00-17.00 Saturday and holidays/08.00-16.00 du lundi au vendredi; 10.00-17.00 samedi et jours fériés

Charges/Prix d'entrée: gratis/gratuit

Collections: general: prehistory; ethnography; archaeology; natural history; contemporary art; history/mixtes: préhistoire; ethnographie; archéologie; histoire naturelle; art contemporain; histoire

Services: sound-archives; projection room/phonothèque; salle de projection

History/Historique: Officially established in 1958. Renovation work on the old supreme court building (1862) which now houses the museum was completed in 1987/Fondé en 1958. En 1987, fin des travaux de rénovation de l'ancienne cour suprême (1862) qui abrite aujourd'hui le musée.

Publications: Guide "Welcome to the National Museum of Liberia" (1988), slides/Guide du musée, diapositives.

243
William V.S. Tubman High School Museum*

University of Liberia
Monrovia

Status/Statut: University museum/Musée universitaire

Robertsport

244
Tubman Centre for African Culture*

Robertsport, Cape Mount
Grand Cape Mount County

Suacoco

245
Cuttington College Museum*

Suacoco

Status/Statut: Private museum/Musée privé

Totota

246
William V.S. Tubman Museum*

Totota

Status/Statut: Private museum/Musée privé

Libyan Arab Jamahiriya

Jamahiriya Arabe Libyenne

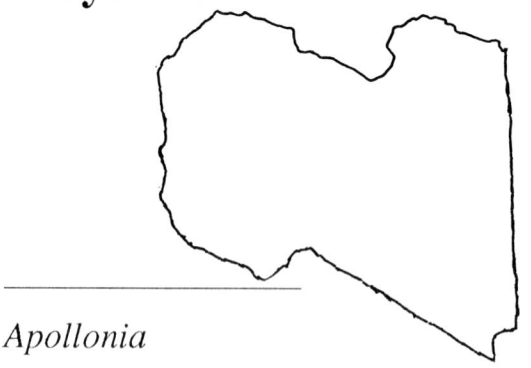

Apollonia

247
Museum of Apollonia*

Apollonia

Benghazi

248
Agoria Museum*

Benghazi

Cyrene

249
Museum of Cyrene*

Cyrene

Sabrata

250
Sabrata Archaeological Museum*

Sabrata

Sebha

251
Germa Archaeological Museum*

Sebha

Tripoli

252
National Museum*

Castello de Saray-al-Hamra
Tripoli

Tel/Tél: 21-36012

Status/Statut: National museum/Musée national

253
Natural History Museum*

Castello de Saray-al-Hamra
Tripoli

Madagascar

Antananarivo

254
Jardin zoologique et botanique, Institut de recherche scientifique de Madagascar*

Avenue Assolant, Parc de Tsimbazaza
B.P. 434, Antananarivo

Status/Statut: National museum/Musée national

255
Musée d'art et d'archéologie de l'Université d'Antananarivo

17, rue du Docteur Villette Isoraka
BP 564, Antananarivo 101

Tel/Tél: 210 47

Chief Officer/Responsable: Jean Aimé Rakotoarisoa

Status/Statut: University museum/Musée universitaire

Opening hours/Heures d'ouverture: 09.00-17.30 except Monday/sauf lundi

Charges/Prix d'entrée: gratuit/gratuit

Collections: ethnography; archaeology/ethnographie; archéologie

Services: library; photographic library; sound-archives; conference room/bibliothèque; photothèque; phonothèque; salle de conference

History/Historique: Since 1961 collections were tied to various cultural centres and departments. Affiliated with the University since 1988 and previously (1970+) called Museum of Art and Archaeology/Depuis 1961 lié à des divers centres et départements culturels ; devenu musée de l'Université en 1988. Antérieurement (1970+) Musée d'art et d'archéologie.

Publications: Catalogue of the collections; annual publications "Taloha" (1965+) and Working Papers (1970+)/Catalogue des collections; revues annuelles "Taloha" (1965+) et Travaux et documents (1970+)

256
Musée de paléontologie et d'histoire naturelle

BP 6217, Tsimbazaza
101 Antananarivo

Tel/Tél: 210 84

Chief Officer/Responsable: Jean Ratefinanahary

Status/Statut: National museum/Musée national

Opening hours/Heures d'ouverture: 14.00-17.00 on Thursday, Saturday and Sunday/les jeudi, samedi et dimanche

Charges/Prix d'entrée: gratis/gratuit

Collections: palaeontology; geology; zoology; fossils; reconstructions of giant birds and lemurs/paléontologie; géologie; zoologie; fossiles; reconstitution des grands oiseaux et des lémuriens géants

Services: library; conference room/bibliothèque; salle de conference

History/Historique: The various buildings of the Queen's Palace were tranformed into museums in 1902. One of these houses the current collections reinstalled in 1962/En 1902 les bâtiments du Palais de la Reine furent transformés en musée dont une partie, réinstallée en 1962, sert de lieu d'exposition pour les collections actuelles.

Publications: annual bulletin issued since 1902/Bulletin de l'Académie Malgache (annuel, depuis 1902)

257
Musée du Palais de la Reine

rue Pasteur Ravelojaona
101 Antananarivo

Tel/Tél: 200 91

Chief Officer/Responsable:
Lalao Rasamimanana

Status/Statut: National museum/Musée national

Opening hours/Heures d'ouverture:
14.00-17.00 Tuesday to Saturday; 09.00-12.00; 14.00-17.00 Sunday and public holidays, closed on Monday/14.00-17.00 du mardi au samedi; 09.00-12.00; 14.00-17.00 dimanche et jours fériés, fermé le lundi

Collections: history/Histoire

Services: library/bibliothèque

History/Historique: Situated in the residence ("Rova") of the former sovereigns. Initially served as a history and natural history museum; in 1928 a fine arts collection was added. A major renovation project is under way since 1982, principally aimed at the exhibition of the historical collections. Inauguration planned for 1990/Situé dans l'ancienne résidence ("Rova") des souverains malgaches. Dans un premier temps il a servi de musée d'histoire et d'histoire naturelle; à partir de 1928 une section des beaux-arts a été ajoutée. Important projet de réaménagement en cours depuis 1982, essentiellement destiné à exposer les collections historiques. Inauguration prévue en 1990.

Publications: Catalogue of collections/Catalogue des collections historiques du Palais de la Reine (Roneo), 1974; "Les six musées du Faritany d'Antananarivo", 1985

258
Musée folklorique, archéologique, paléontologique et faunistique*

Parc de Tsimbazaza
B.P. 434, Antananarivo

Status/Statut: National museum/Musée national

259
Musée national de géologie

BP 322, Ampandrianomby
101 Antananarivo
Tel/Tél: 403 51

Chief Officer/Responsable:
Nadine Joëlle Ranorosoa
Curator/Conservateur

Status/Statut: National museum/Musée national

Opening hours/Heures d'ouverture: 08.00-12.00; 14.00-18.00 except Saturday and Sunday/sauf samedi et dimanche

Charges/Prix d'entrée: gratis/gratuit

Collections: geology/géologie

History/Historique: Founded in 1923 and inaugurated in 1939 for the conservation of samples collected during geological missions in the area. The museum was first located in Antaninarenina and, in 1954, transferred to Ampandrianomby. Collections contain a large number of samples donated by or acquired on an exchange basis from national and foreign mine-owners/Crée en 1923 et inauguré en 1939 à Antaninarenina pour la conservation des échantillons provenant des missions géologiques locales. Transféré à Ampandrianomby en 1954; collections provenant de dons et d'échanges d'exploitants miniers malgaches ou étrangers.

Nosy Be

260
Musée du CNRO

BP 68, 207 Nosy Be

Tel/Tél: 613 73
Chief Officer/Responsable:
Aboudou

Status/Statut: National museum/Musée national

Opening hours/Heures d'ouverture: 05.30-13.00 except Saturday and Sunday/sauf samedi et dimanche

Charges/Prix d'entrée: gratis/gratuit

Collections: marine specimens/échantillons d'espèces marines

History/Historique: Founded by l'ORSTOM in 1957; since 1975 administered by the Ministry of Scientific and Technological Research for Development/Fondé en 1957 par l'ORSTOM; à partir de 1975 sous tutelle du Ministère de la Recherche Scientifique et Technologique pour le Développement.

Toliara (Tuléar)

261
Musée régional*

Centre de documentation et de recherche sur l'art et les traditions orales à Madagascar, Université de Tuléar
BP 185, Toliara

Tel/Tél: 414 43

Chief Officer/Responsable: Jean-François Rabedimy
Director/Directeur

Status/Statut: Regional museum/Musée régional

Opening hours/Heures d'ouverture: daily except Saturday/tous les jours sauf samedi

Charges/Prix d'entrée: gratis/gratuit

Collections: ethnography; permanent exhibition on Madagascan burial traditions/ethnographie; exposition permanente sur l'art funéraire malgache

History/Historique: Established in 1984 with the cooperation of the Art and Archaeology Museum and the Musée de l'Homme, Paris/Créé en 1984 avec la participation du Musée d'art et d'archéologie et le Musée de l'Homme de Paris.

Musée national de géologie, Antananarivo.

Malawi

Chiriri

262
Museum of Malawi Culture

Blantyre 3
Box 30360, Chiriri

Tel/Tél: 67 20 01

Chief Officer/Responsable:
G.T.C. Golowa
Curator/Conservateur

Status/Statut: National museum/Musée national

Opening hours/Heures d'ouverture: 07.30-17.00 except national holidays/sauf jours fériés

Charges/Prix d'entrée: gratis/gratuit

Collections: general: history; archaeology; ethnography; natural history/mixtes: histoire; archéologie; ethnographie; histoire naturelle

Services: library; photographic library; sound-archives/bibliothèque; photothèque; phonothèque

History/Historique: First opened to the public in 1960 as the Nyasaland Museum. Name changed to Museum of Malawi in 1964. Moved to its current purpose-built premises in 1965. Designated Museum of Malawi Culture in 1983/Ouvert pour la première fois au public en 1960 sous le nom de Nyasaland Museum. Rebaptisé Museum of Malawi en 1964. Transféré dans les locaux actuels en 1965. Son appellation actuelle date de 1983.

Publications: Annual newsletter "Ndiwula"; slides/Bulletin d'information annuel "Ndiwula"; diapositives

Mangochi

263
Lake Malawi Museum

Box 128, Mangochi

Tel/Tél: 58 43 46

Chief Officer/Responsable:
M.M. Gondwe

Status/Statut: National museum/Musée national

Opening hours/Heures d'ouverture: 07.30-17.00 except national holidays/sauf jours fériés

Charges/Prix d'entrée: gratis/gratuit

Collections: general: archaeology; ethnography; history of lake transport/mixtes: archéologie; ethnographie; histoire des transports sur le lac

History/Historique: Opened to the public in 1972. Housed in a building dating from the late 1890s/Ouvert au public depuis 1972. Installé dans un bâtiment datant de la fin des années 1890.

Mzuzu

264
Mzuzu Museum

Box 138, Mzuzu

Tel/Tél: 33 20 71

Status/Statut: Regional museum/Musée régional

Charges/Prix d'entrée: gratis/gratuit

Collections: general: history; ethnography; natural history/mixtes: histoire; ethnographie; histoire naturelle
History/Historique: Set up in 1985. Expected to open in 1989/Créé en 1985. ouverture au public prévue en 1989.

Mali

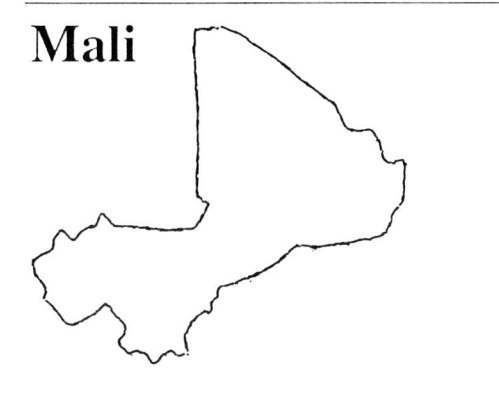

Bamako

265
Musée national du Mali

B.P. 159, Bamako

Tel/Tél: 22 34 86

Chief Officer/Responsable: Samuel Sidibe Director/Directeur

Status/Statut: National museum/Musée national

Opening hours/Heures d'ouverture: daily except Monday, 1 January, Tabaski, Ramadan, 25 December /tous les jours sauf lundi, 1er janvier, Tabaski, Ramadan, 25 décembre

Charges/Prix d'entrée: gratis/gratuit

Collections: ethnography; archaeology/ethnographie; archéologie

Services: library; photographic library; sound-archives; conference room; projection room/bibliothèque; photothèque; phonothèque; salle de conférence; salle de projection

History/Historique: Initially inaugurated in 1953 as the Musée soudanais. Later, the collections were put into storage and the new National Museum was created in 1982/Inauguré une première fois en 1953 sous le nom de Musée soudanais. Puis les collections ont été conservées jusqu'à la création du nouveau Musée national en 1982.

Publications: Museum guide and temporary exhibition catalogues; slides; postcards/Guide du musée et catalogues d'expositions temporaires; diapositives; cartes postales

Gao

266
Musée du Sahel

B.P. 141, Gao

Chief Officer/Responsable: Boubacar Hamma Maïga Director/Directeur

Status/Statut: Regional museum/Musée régional

Opening hours/Heures d'ouverture: 08.00-12.00; 16.00-18.00 except Monday and Saturday/sauf lundi et samedi

Charges/Prix d'entrée: tourists: 500 F/touristes : 500 F

Collections: ethnography/ethnographie

Services: library; sound-archives; projection room/bibliothèque; phonothèque; salle de projection

Mali

History/Historique: Museum created in 1981/Création du musée en 1981.

Publications: Catalogue of collections/Catalogue des collections

---

Tombouctou

267
Centre de documentation arabe*

Tombouctou

Musée national du Mali, Bamako. "Prisoner's snuffbox"; emblem of the National Museum of Mali/"Tabatière de captif", emblème du Musée national du Mali.

Musée national du Mali, Bamako. Exterior: view of temporary and permanent exhibition halls/Vue extérieure: côté salles d'exposition temporaire et permanente.

Mauritania
Mauritanie

Nouakchott

268
Musée national de Nouakchott

B.P. 20, Nouakchott

Tel/Tél: 518 62

Chief Officer/Responsable:
Hamar Fall Diagne
Curator/Conservateur

Status/Statut: National museum/Musée national

Opening hours/Heures d'ouverture:
10.00-12.00; 15.00-17.45 except Friday and Saturday/sauf vendredi et samedi

Charges/Prix d'entrée: gratis/gratuit

Collections: ethnography; archaeology/ethnographie; archéologie

Services: photographic library; conference room/photothèque; salle de conférence

History/Historique: Inaugurated in 1972/Inauguré en 1972.

Mauritius
Maurice

Mahebourg

269
Naval and Historical Museum

Royal Road, Mahebourg

Chief Officer/Responsable:
Rajendradev Gajeelee
Director/Directeur

Status/Statut: National museum/Musée national

Opening hours/Heures d'ouverture: 09.00-16.00 except Tuesday and Friday/sauf mardi et vendredi

Charges/Prix d'entrée: gratis/gratuit

Collections: archaeology; ethnography; contemporary art/archéologie; ethnographie; art contemporain

Services: library/bibliothèque

History/Historique: Old French colonial house located on the banks of the La Chaux river and purchased by the Government in 1947/Ancienne maison coloniale française située au bord de la rivière La Chaux et acquise par le gouvernement en 1947.

Publications: Bulletin; annual report/Bulletin; rapport annuel

Port-Louis

270
Mauritius Institute

Chaussee, Port-Louis

Tel/Tél: 2-2815/2-0639

Chief Officer/Responsable:
Rajendradev Gajeelee
Director/Directeur

Status/Statut: National museum/Musée national

Opening hours/Heures d'ouverture: 09.00-16.00 except Tuesday, Friday and national holidays/sauf mardi, vendredi et jours fériés

Charges/Prix d'entrée: gratis/gratuit

Collections: natural history; archaeology; ethnography/histoire naturelle; archéologie; ethnographie

Services: library; conference room; projection room/bibliothèque; salle de conférence; salle de projection

History/Historique: Set up in 1880 and formally opened to the public in 1903/Créé en 1880 et ouvert au public en 1903.

Publications: Various museum guide books; bulletin; slides; postcards/Différents guides de musées; bulletin; diapositives; cartes postales

Publications: "Catalogue of the Flowering Plants in the Herbarium" (1937); annual report; slides/Catalogue des collections; rapport annuel; diapositives

Reduit

271
The Mauritius Herbarium (MSIRI)

Reduit

Tel/Tél: 54-1061
Telex/Télex: 4899 MSIRI IW

Chief Officer/Responsable: Claude Ricaud
Director/Directeur

Status/Statut: National museum/Musée national

Opening hours/Heures d'ouverture: 09.00-16.00 except Saturday and Sunday/sauf samedi et dimanche

Charges/Prix d'entrée: gratis/gratuit

Collections: natural history/histoire naturelle

Services: library; conference room; projection room/ bibliothèque; salle de conférence; salle de projection

History/Historique: Founded in 1960 with the herbarium collections from the Department of Agriculture, the Mauritius Institute and the Mauritius Sugar Industry Research Institute/Fondé en 1960 à partir des collections d'herbier du Département de l'Agriculture, du Mauritius Institute et du Mauritius Sugar Industry Research Institute.

Souillac

272
Robert Edward Hart Memorial Museum

Gris gris, Souillac

Chief Officer/Responsable: Rajendradev Gajeelee
Director/Directeur

Status/Statut: Regional museum/Musée régional

Opening hours/Heures d'ouverture: 09.00-16.00 except Tuesday and Friday/sauf mardi et vendredi

Charges/Prix d'entrée: gratis/gratuit

Collections: ethnography; contemporary art/ethnographie; art contemporain

Services: library/bibliothèque

History/Historique: The house in which the poet spent his last years was bought by the Government in 1964. The museum was opened in 1967/La maison où le poète vécut ses dernières années fut achetée par le gouvernement pour être convertie en musée en 1964. Ouvert au public en 1967.

Publications: Bulletin; annual report/Bulletin; rapport annuel

Morocco
Maroc

Casablanca

273
Aquarium de Casablanca/Institut des pêches maritimes du Maroc*

Rue du Tiznit, Casablanca

Status/Statut: National museum/Musée national

Essaouira

274
Musée Sidi Mohamed Ben Abdellah

Rue Laalouj, Essaouira

Tel/Tél: 047-2300

Chief Officer/Responsable: Lakhdar Boujemaa
Curator/Conservateur

Status/Statut: Provincial museum/Musée provincial

Opening hours/Heures d'ouverture: 08.30-12.00; 14.30-18.00 except Tuesday/sauf mardi

Collections: ethnography; folk art/ethnographie; arts et traditions populaires

Services: library; projection room/bibliothèque; salle de projection

History/Historique: Inaugurated in 1980/Inauguré en 1980.

Publications: Postcards/Cartes postales

Fès

275
Musée d'Armes*

Bordj Nord, Fès

Status/Statut: National museum/Musée national

276
Musée du Batha

Place du Batha, Fès

Tel/Tél: 341 16

Chief Officer/Responsable: Henia Chikhaoui
Curator/Conservateur

Status/Statut: Provincial museum/Musée provincial

Opening hours/Heures d'ouverture: 08.30-11.45; 14.30-18.00 daily except Tuesday; 09.00-11.30; 15.00-18.00 on Friday/08.30-11.45; 14.30-18.00 tous les jours sauf le mardi; 09.00-11.30; 15.00-18.00 le vendredi

Charges/Prix d'entrée: 3,50 DH

Collections: ethnography; archaeology/ethnographie; archéologie

Services: library; conference room; concert hall/bibliothèque; salle de conférence; salle de concert

History/Historique: Former 19th c. palace transformed into a museum of folk arts and traditions of Fès in 1915/Ancien palais du XIXe transformé en musée des arts et traditions populaires de la ville de Fès en 1915.

Publications: Bi-annual report; postcards/Rapport semestriel; cartes postales

Larache

277
Musée archéologique

Larache

Tel/Tél: 091/20 92

Chief Officer/Responsable: Boubker El Ouafi

Status/Statut: Provincial museum/Musée provincial

Opening hours/Heures d'ouverture: 08.30-14.30 except Tuesday/sauf mardi

Charges/Prix d'entrée: gratis/gratuit

Collections: archaeology/archéologie

Services: library (private)/bibliothèque (privée)

History/Historique: Opened in 1978. The building was constructed during the reign of Sultan Youssef Ibn Abdelhak El Merini (657-680 of the Hegira)/Ouvert en 1978. Le bâtiment a été construit sous le règne du sultan Youssef Ibn Abdelhak El Merini (657-680 de l'hégire).

Publications: Permanent exhibition catalogue; bi-annual journal/Catalogue des collections; journal semestriel

Marrakech

278
Musée de Dar Si Saïd

Riad Zitoun Jdide
Médina, Marrakech

Tel/Tél: 04-424 64

Chief Officer/Responsable: Hassan Belarabi
Curator/Conservateur
Status/Statut: National museum/Musée national

Opening hours/Heures d'ouverture: 09.00-11.45; 14.30-17.45 winter; 09.00-11.45; 16.00-18.45 summer/ 09.00-11.45;

14.30-17.45 en hiver; 09.00-11.45; 16.00-18.45 en été

Charges/Prix d'entrée: 3 DH

Collections: ethnography/ethnographie

Services: library; photographic library/bibliothèque; photothèque

History/Historique: Created in 1930, the museum is housed in a former palace dating from the end of the 19th century/Cette ancienne résidence des notables de la région de Marrakech construite à la fin du XIXè, abrite le musée depuis 1930.

Publications: Temporary exhibition catalogues; postcards/Catalogues d'expositions temporaires; cartes postales

Meknès

279
Jardin zoologique*

Meknès

280
Musée Dar Jamaï

Sebbaghine 1
Médina, Meknès

Tel/Tél: 308 63

Chief Officer/Responsable: Mustapha Idrissi
Curator/Conservateur

Status/Statut: Regional museum/Musée régional

Opening hours/Heures d'ouverture: 08.30-12.00; 15.00-18.00 except Tuesday/sauf mardi

Charges/Prix d'entrée: 3 DH

Collections: ethnography/ethnographie

Services: library/bibliothèque

History/Historique: Created in 1920, the museum is installed in a former palace constructed in 1882/Cet ancien palais datant de 1882, a connu des affectations successives avant d'abriter le musée actuel à partir de 1920.

Oujda

281
Musée régional*

Oujda
Status/Statut: Regional museum/Musée régional

Rabat

282
Jardin zoologique*

Témara, Rabat

Status/Statut: National museum/Musée national

283
Musée archéologique de Rabat

23, rue Al Brihi, Rabat

Tel/Tél: 622 31/619 18 (07)
Chief Officer/Responsable:
El Hajraoui
Curator/Conservateur

Status/Statut: National museum/Musée national

Opening hours/Heures d'ouverture: 08.30-18.00 except Tuesday and national holidays/sauf mardi et jours fériés

Charges/Prix d'entrée: 3 DH

Collections: archaeology; prehistory/archéologie; préhistoire

Services: library; photographic library; projection room/bibliothèque; photothèque; salle de projection

History/Historique: First premises built in the 1920s. Extension in 1931 and 1952, and new re-organization in 1985-86 with the opening of a section on Islamic archaeology/Premiers bâtiments construits dans les années 1920. Extension du musée en 1931 et 1952 et nouvelle réorganisation en 1985-86 avec l'ouverture d'une section d'archéologie islamique.

Publications: Annual report/Rapport annuel

284
Musée de l'Institut scientifique cheriffien*

Avenue Moulay-Chérif
Rabat

285
Musée des antiquités*

23, rue Pierre Parent
B.P. 503, Rabat

286
Musée des Oudâia*

Kasbah des Oudâia, Rabat

Status/Statut: National museum/Musée national

Sale

287
Jardins exotiques et d'acclimatation*

Sale (Route nationale No. 2 entre Rabat et Tanger)

Status/Statut: Private museum/Musée privé

Tanger

288
Musée de la Kasbah*

Tanger

Status/Statut: National museum/Musée national

289
Musée Micheaux Bellaire/Musée des antiquités*

Palais de la Kasbah
Inspection des antiquités
Tanger

Status/Statut: National museum/Musée national

Tetouan

290
Musée archéologique*

2, rue Bouhçein
Tetouan

Status/Statut: National museum/Musée national

291
Musée d'art populaire marocain*

Bd Mohamed V. 30
Tetouan

292
Musée ethnographique de Tetouan

Bab-el Oukla
Tetouan

Tel/Tél: 65 05

Chief Officer/Responsable: Ahmed El Amrani
Director/Directeur

Status/Statut: National museum/Musée national

Opening hours/Heures d'ouverture: every day except Tuesday/tous les jours sauf mardi

Charges/Prix d'entrée: entrance by appointment/droit d'entrée réservé

Collections: ethnography/ethnographie

History/Historique: Founded in 1928 for the purpose of conserving the Andalusian heritage transferred by the Moors to Tetouan in 1492/Fondé en 1928, le musée a pour objectif la conservation du patrimoine andalou transféré par les Maures à Tétouan en 1492.

Volubilis

293
Musée des antiquités*

Volubilis

Status/Statut: National museum/Musée national

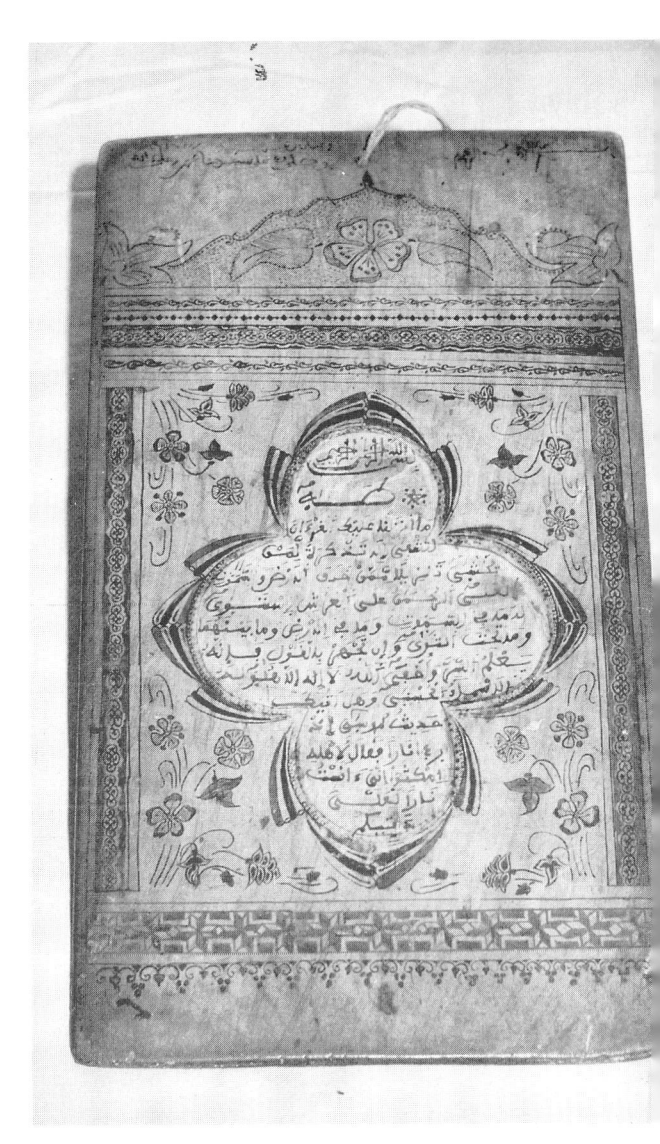

Musée Sidi Mohamed Ben Abdellah, Essaouira.

Musée ethnographique de Tetouan.

Mozambique

Beira

294
Museu Municipal*

Rua Correia de Brito
C.P. 1702, Beira

Status/Statut: Municipal museum/Musée municipal

Ilha da Inhaca

295
Museu e Estação de Biologia Maritima da Ilha da Inhaca*

A/C Faculdade de Biologia
Universidade E. Mondlane
C.P. 257, Maputo

Ilha de Moçambique

296
Museus da Ilha de Moçambique*

A/C Direcção Provincial de Educação e Cultura de Nampula
C.P. 1742 Maputo

Complexo de museus: Palacio de S. Paulo e a Capela; Museu da Marinha; Museu de Arte Sacra

Manhiqueni

297
Museu arqueológico*

Manhiqueni (Province de Inhambana)

Manica

298
Museu Mostruario de Manica*

Vila Manica
C.P., 2 Manica

Status/Statut: National museum/Musée national

Maputo

299
Museu da Revolução*

Av. 24 de Julho no. 3003
Maputo

Tel/Tél: 732745

300
Museu de Historia Natural

Universidade Eduardo Mondlane
Maputo

Tel/Tél: 74 11 45/74 45 86

Chief Officer/Responsable:
Augusto Cabraz
Director/Directeur

Status/Statut: University museum/Musée universitaire

Opening hours/Heures d'ouverture:
09.00-12.00; 14.00-17.00 every day/tous les jours

Collections: natural history; ethnography/histoire naturelle; ethnographie

Services: library; sound-archives; conference room/bibliothèque; phonothèque; salle de conférence

History/Historique: Founded in 1913, transferred into the current premises in 1932 and extended in 1963/Fondé en 1913, transféré dans l'actuel bâtiment en 1932 et agrandi en 1963.

Publications: Museum guide; monographs/Guide du musée; "Ofidios de Moçambique", "Coleopteros de Moçambique"

301
Museu Histórico Militar*

Praça 25 de Junho
P.O. Box 2033, Maputo

Status/Statut: National museum/Musée national

302
Museu Nacional da Moeda*

Praça 25 de Junho
P.O. Box 2033, Maputo

Tel/Tél: 20290

Status/Statut: National museum/Musée national

303
Museu Nacional de Arte*

Av. Ho Chi Min 1233
C.P. 1403, Maputo

Tel/Tél: 22325/32520

Status/Statut: National museum/Musée national

304
Museu Nacional de Geologia*

C.P. 217, Maputo

Status/Statut: National museum/Musée national

Nampula

305
Museu de Nampula*
(Ex-Museu Comandante Ferreira de Almeida)

C.P. 364, Nampula

Tel/Tél: 2129

Status/Statut: Regional museum/Musée régional

Xai Xai

306
Museu Provincial Guerras de Resistência*

A/C Direcção Prov. de Educação e Cultura-Gaza
Xai-Xai (Gaza)

Namibia
Namibie

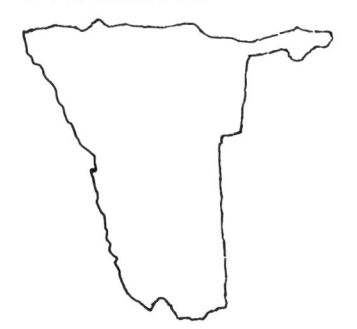

Luederitz

307
Luderitz Museum*

Diar St.
P.O. Box 3, Luederitz

Status/Statut: Municipal museum/Musée municipal

Okahandja

308
Zoopark Okahandja*

P.O. Box 211, Okahandja

Status/Statut: Private museum/Musée privé

Okaukuejo

309
Okaukuejo Museum*

Okaukuejo

Swakopmund

310
Museum Swakopmund*

Roonstrasse
P.O. Box 56, Swakopmund

Status/Statut: Regional museum/Musée régional

Tsumeb

311
Fort Namutoni*

Tsumeb 9260

312
Museum Tsumeb*

Tsumeb

Windhoek

313
Staatsmuseum*

Leutwein Street
P.O. Box 1203, Windhoek

Status/Statut: National museum/Musée national

314
Arts Association Gallery*

John Meinert and Leutwein Streets
P.O. Box 994, Windhoek 9100

Niger

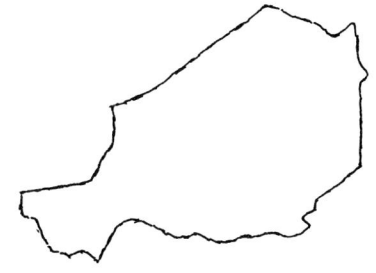

Niamey

315
Musée national

B.P. 248, Niamey

Tel/Tél: 73 43 21

Chief Officer/Responsable: Albert Ferral
Curator/Conservateur

Status/Statut: National museum/Musée national

Opening hours/Heures d'ouverture: 09.00-12.00; 15.30-17.30 except Monday and national holidays/sauf lundi et jours fériés

Charges/Prix d'entrée: gratis/gratuit

Collections: general: ethnography; prehistory; archaeology; geology; natural history; contemporary art/mixtes: ethnographie; préhistoire; archéologie; géologie; histoire naturelle; art contemporain

Services: library; photographic archives; sound-archives; projection room/bibliothèque; photothèque; phonothèque; salle de projection

History/Historique: Created in 1959. It is a museum complex composed of exhibition rooms, a zoo, botanical gardens, craft workshops and youth training centres. Extensions and new premises constructed between 1974 and 1988/Créé en 1959. Extensions et nouveaux pavillons réalisés de 1974 à 1988. Musée composé de salles d'expositions, d'un zoo, d'un jardin botanique, d'ateliers d'artisanat et de centres de formation pour les jeunes.

Publications: Museum catalogue and guide; slides; postcards/"Oeuvres artisanales du musée" (1977); guide du musée; diapositives; cartes postales

Zinder

316
Musée régional de Zinder

B.P. 614, Zinder

Chief Officer/Responsable: Abdoulaye Mamani
Director/Directeur

Status/Statut: Regional museum/Musée régional

Collections: ethnography (still in collecting stage)/ethnographie (au stade du collecte)

History/Historique: Building constructed in 1987/Bâtiment édifié en 1987.

Abeokuta. Stone carvings in the Alake Palace courtyard/Sculptures dans la cour du Palais du Alake (roi) d'Abeokuta. (Photo Unesco)

Nigeria

Aba

317
National Museum of Colonial History

P.M.B. 7116, Aba (Imo State)

Tel/Tél: 082-22 18 63

Chief Officer/Responsable: E.J. Akata

Status/Statut: National museum/Musée national

Opening hours/Heures d'ouverture: 09.00-18.00 every day/tous les jours

Charges/Prix d'entrée: gratis/gratuit

Collections: history/histoire

Services: library; photographic library/bibliothèque; photothèque

History/Historique: Commissioned in 1985 as a national museum of colonial history. Housed in a large colonial bungalow built around 1899/Déclaré musée national d'histoire coloniale en 1985. Installé dans un grand bungalow colonial construit vers 1899.

Akure

318
National Museum of Unity

Old Local Government Secretariat
P.M.B. 664, Akure (Ondo State)

Chief Officer/Responsable: Emmanuel Oladunjoye Abejide

Status/Statut: National museum/Musée national

Opening hours/Heures d'ouverture: 07.30-18.00 daily/tous les jours

Charges/Prix d'entrée: gratis/gratuit

Collections: general/mixtes

History/Historique: Temporary building provided for the museum in 1988/Bâtiment provisoire utilisé pour abriter le musée depuis 1988.

Argungu

319
Kanta Museum*

Gidan Yakubu Nabame,
Argungu North Western State

Bauchi

320
School Museum*

Bauchi

321
Yankari Game Reserve - Bauchi

P.O. Box 12, Bauchi

Chief Officer/Responsable:
Danladi Tugga
Curator/Conservateur

Status/Statut: Camp museum

Opening hours/Heures d'ouverture:
08.00-18.00 Monday to Thursday; 08.00-22.00 Friday to Sunday/08.00-18.00 du lundi au jeudi; O8.00-22.00 du vendredi au dimanche

Charges/Prix d'entrée: gratis/gratuit

Collections: natural history/histoire naturelle

History/Historique: Established in 1974/Etabli en 1974.

Publications: postcards/cartes postales

Benin City

322
National Museum Benin

P.M.B. 1115, Benin City (Bendel State)

Tel/Tél: 052-20 11 30

Chief Officer/Responsable: Lovet Moore

Status/Statut: National museum/Musée national

Opening hours/Heures d'ouverture:
09.00-18.00 daily/tous les jours

Charges/Prix d'entrée: gratis/gratuit

Collections: archaeology; ethnography/archéologie; ethnographie

Services: library; photographic library/bibliothèque; photothèque

History/Historique: The museum originated in the Oba's palace, under the custody of the court historian of Benin. The present museum, situated opposite the royal palace, was officially opened in 1973. It houses a large collection of Benin objects/Le musée a été fondé dans le palais d'Oba, sous la garde de l'historien de la cour du Bénin. Le musée actuel, situé en face du palais royal, est ouvert au public depuis 1973. Il abrite une importante collection d'objets béninois.

Publications: "Guide to the Nigerian Museum Benin" (1973)/Guide du musée

Calabar

323
Old Residency Museum

P.M.B. 1180, Calabar
Tel/Tél: 087-22 34 76/22 17 76

Chief Officer/Responsable: V.I. Ekpo
Curator/Conservateur

Status/Statut: National museum/Musée national

Opening hours/Heures d'ouverture:
09.30-18.00 daily/tous les jours

Charges/Prix d'entrée: gratis/gratuit

Collections: history; ethnography; archaeology/histoire; ethnographie; archéologie

Services: library; photographic library; sound-archives; conference room; projection room/bibliothèque; photothèque; phonothèque; salle de conférence; salle de projection

History/Historique: Constructed circa 1884 to house the headquarters of the early British consular administration in south-eastern Nigeria, the building was declared a national monument in 1959. Restored between 1981 and 1986 to house the museum, which was officially opened in 1986/Construit vers 1884 en tant que siège de l'administration consulaire britannique dans le sud-est du Nigéria, cet édifice a été déclaré monument national en 1959. Restauré entre 1981 et 1986 pour abriter ce musée ouvert officiellement au public en 1986.

Publications: "The Story of Old Calabar" (1986); postcards/Guide du musée; cartes postales

Enugu

324
National Museum Enugu

P.M.B. 1285, Enugu (Anambra State)

Tel/Tél: 25 20 83

Chief Officer/Responsable: P.C. Dike
Director/Directeur

Status/Statut: National museum/Musée national

Opening hours/Heures d'ouverture: Not opened to the public/Pas ouvert au public

Collections: ethnography/ethnographie

Services: library; photothèque/bibliothèque; photographic library

History/Historique: Temporary site/Installation provisoire.

Esie

325
National Museum Esie

Via Oro, P.M.B. 301, Esie

Chief Officer/Responsable: Ireti Tubi

Status/Statut: National museum/Musée national

Opening hours/Heures d'ouverture: 09.00-18.00 daily/tous les jours

Charges/Prix d'entrée: gratis/gratuit

Collections: archaeology; ethnography/archéologie; ethnographie

Services: library/bibliothèque

History/Historique: First museum in Nigeria, established in 1945 to house Esie soapstone figures (the largest collection of stone carvings remaining in Africa). Officially opened in 1970/Premier musée du Nigéria, créé en 1945 pour abriter les figurines en stéatite d'Esie (la plus grande collection de sculptures sur pierre se trouvant en Afrique). Ouvert officiellement en 1970.

Ibadan

326
Botanical Garden*

University, Ibadan

327
Geological Museum*

University, Ibadan

Status/Statut: University museum/Musée universitaire

328
National Museum Ibadan

P.M.B. 5524, Jericho, Ibadan

Tel/Tél: 022-41 27 97

Chief Officer/Responsable: A.K. Fatunsin

Status/Statut: National museum/Musée national

Opening hours/Heures d'ouverture: Not open to the public/Pas ouvert au public
Collections: ethnography/ethnographie

Services: library; photographic library/bibliothèque; photothèque

History/Historique: Founded in 1979/Créé en 1979.

329
University of Ibadan Museum*

Institute of African Studies
University, Ibadan

Status/Statut: University museum/Musée universitaire

330
University of Ibadan Zoo*

Ibadan

Status/Statut: University museum/Musée universitaire

Nigeria

Old Residency Museum, Calabar. The Museum Craft Village/Village d'artisans.

Ife Museum, Ile Ife. Showcase/Vitrine.

Ife

331
Ife Museum

P.M.B. 5515, Ife (Oyo State)

Tel/Tél: 036-23 01 50

Chief Officer/Responsable
 Debo Areo
Curator/Conservateur

Status/Statut: National museum/Musée national

Opening hours/Heures d'ouverture:
07.00-19.00 daily/tous les jours

Charges/Prix d'entrée: gratis/gratuit

Collections: general: ethnography; archaeology; natural history/mixtes: ethnographie; archéologie; histoire naturelle

Services: library/bibliothèque

History/Historique: The recognition of Ife arts, the growing movement to halt the looting of national art treasures and to set up museums within the country, were the impetus for the creation of this museum, which was opened in 1955. The building dates from the end of the 19th century and was originally used as a prison/La consécration des arts d'Ife, la volonté d'arrêter le pillage et l'essor du mouvement en faveur des musées au Nigéria, ont permis de créer ce musée ouvert au public en 1955. Le bâtiment date de la fin du XIXè et servait autrefois de prison.

Publications: Catalogue of collections "Ancient Ife and Ife in the History of West-African Sculpture" (1967); postcards/Catalogue des collections; cartes postales

332
Museum of Natural History, University of Ife*

University of Ife
Ile-Ife (Oyo State)

Status/Statut: University museum/Musée universitaire

Ilupeju-Lagos

333
Nigerian Army Museum Service*

Institute of Army Education
47 Coker Road
Ilupeju-Lagos

Status/Statut: National museum/Musée national

Jos

334
Departmental Museum*

Nigerian Mines Department
Jos

Status/Statut: National museum/Musée national

335
National Museum of Jos

P.M.B. 2031, Jos
(Plateau State)

Tel/Tél: 53 516

Chief Officer/Responsable: S.A. Liasu

Status/Statut: National museum/Musée national

Opening hours/Heures d'ouverture: 09.00-18.00 daily/tous les jours

Charges/Prix d'entrée: gratis/gratuit

Collections: archaeology; ethnography/archéologie; ethnographie

Services: library; photographic library; conference room; projection room/bibliothèque; photothèque; salle de conférence; salle de projection

History/Historique: Established in 1952 to house the earliest known terracotta sculptures in Africa south of the Sahara. The Jos Museum served as headquarters of the National Museum until the latter was transferred to Lagos in 1957. Is now the principal research station and also a museum studies centre/Créé en 1952 pour abriter les premières sculptures en terre cuite provenant de l'Afrique au sud du Sahara. Le musée de Jos a servi de siège au musée national jusqu'à ce que ce dernier soit transféré à Lagos en 1957. Devenu le centre de recherche principal ainsi qu'un centre d'études muséologiques.

Publications: "Guide to the Nigerian Museum, Jos"/Guide du musée

Kaduna

336
Museum of the Nigerian Geological Survey Department*

Kaduna (Kaduna State)

337
National Museum of Kaduna

P.M.B. 5166, Kaduna

Tel/Tél: 062-21 21 73

Chief Officer/Responsable: J.C. Obi

Status/Statut: National museum/Musée national

Opening hours/Heures d'ouverture: 09.00-18.00 every day/tous les jours

Charges/Prix d'entrée: gratis/gratuit

Collections: ethnography; archaeology/ethnographie; archéologie

Services: library; photographic library/bibliothèque; photothèque

History/Historique: Founded in 1979. Non purpose-built museum housing archaeological and ethnographic collections; botanical garden and representative display of traditional arts and crafts of Northern Nigeria/Créé en 1979, le musée comprend des collections ethnographiques et archéologiques, un jardin botanique et une exposition représentative des arts et traditions populaires du Nord du Nigéria.

Kano

340
National Museum of Kano

P.M.B. 2023, Kano

Tel/Tél: 064-62 57 70

Chief Officer/Responsable: A.U. Akpan

Status/Statut: National museum/Musée national

Opening hours/Heures d'ouverture: 09.00-18.00 every day/tous les jours

Charges/Prix d'entrée: gratis/gratuit

Collections: ethnography/ethnographie

Services: library; photographic library/bibliothèque; photothèque

History/Historique: Founded in 1979. Converted for museum use, the building was the former residence of the "Maicama", a traditional chief. Display mainly material culture of the City of Kano, the Hausa and the Fucan/Créé en 1979. Transformé en musée, cet édifice est l'ancienne résidence du "Maicama", chef traditionnel de l'un des districts provinciaux de l'Emirat de Kano. Exposition principale sur la culture matérielle de la ville de Kano, des Hausa et des Fucan.

Katsina

339
School Museum*

Katsina

Lagos

340
National Museum

P.M.B. 12556, Onikan, Lagos

Tel/Tél: 63 28 78/63 60 05

Chief Officer/Responsable:
Martin Akanbiemu
Curator/Conservateur

Status/Statut: National museum/Musée national

Opening hours/Heures d'ouverture: 09.00-18.00 every day/tous les jours

Charges/Prix d'entrée: N 1

Collections: antiquities; archaeology; ethnography/antiquités; archéologie; ethnographie

Services: library; photographic library/bibliothèque; photothèque

History/Historique: Formally opened in 1957/Ouverture officielle en 1957.

Publications: "Guide to the Nigerian Museum Lagos" (1976), "Highlights from 2000 Years of Nigerian Art" (1976), postcards/Guide du musée, catalogue d'expositions temporaires, cartes postales

Nimo

341
Asele Institute*

P.M.B. 1001, Nimo (Anambra State)

Nri

342
Odinani Museum

Box 35, via Awka
Nri (Anambra State)

Chief Officer/Responsable: B.M. Akunne Curator/Conservateur

Status/Statut: University museum/Musée universitaire

Opening hours/Heures d'ouverture: 10.00-16.00 weekdays; 12.00-17.00 Saturday and Sunday/10.00-16.00 en semaine; 12.00-17.00/samedi et dimanche

Charges/Prix d'entrée: gratis/gratuit

Collections: general: archaeology; contemporary art; prehistory; geology/mixtes: archéologie; art contemporain; préhistoire; géologie

Services: library/bibliothèque

History/Historique: Opened by the Commission for Education in 1972 to house objects excavated at Igbo-Ukwu. Renovated in 1981/Ouvert en 1972 par la Commission pour l'Education pour abriter les objets provenant des fouilles d'Igbo-Ukwu. Rénové en 1981.

Publications: "Journal of Odinani Museum" (1972, 1977, 1980); "Igbo Civilization, Nri Kingdom and Hegemony" (1981); reports/Journal du musée; monographies; rapports

Nsukka

343
Department of Archaeology Museum*

University of Nigeria
Nsukka

Status/Statut: University museum/Musée universitaire

344
Institute of African Studies Museum*

University of Nigeria
Nsukka

Status/Statut: University museum/Musée universitaire

Oron

345
National Museum Oron

P.M.B. 1004, Oron
(Akwa Ibom State)

Chief Officer/Responsable:
Lawrence Odeyemi

Status/Statut: National museum/Musée national

Opening hours/Heures d'ouverture:
09.00-18.00 daily/tous les jours
Charges/Prix d'entrée: gratis/gratuit

Collections: ethnography; archaeology/ethnographie; archéologie

Services: library; photographic library/bibliothèque; photothèque

History/Historique: Destroyed in 1969 during the civil war. New building opened in 1977/Détruit pendant la guerre civile en 1969. Nouvel édifice ouvert au public en 1977.

Oshogbo

346
Museum of the Institute of African Studies*

25 Aiyetoro Road, Ikirum Bypass
Oshogbo (Western Region)

Owo

347
National Museum of Owo

P.O. Box 84, Owo

Tel/Tél: 051-41 583

Chief Officer/Responsable: P. Olagunju

Status/Statut: National museum/Musée national

Opening hours/Heures d'ouverture:
09.00-18.00 daily/tous les jours

Charges/Prix d'entrée: gratis/gratuit

Collections: general: ethnography; archaeology; folk arts/mixtes: ethnographie; archéologie; traditions populaires

History/Historique: Building constructed in 1968 to house the antiquities held in the palace of the Olowo of Owo. Opened to the public in 1987/Construit en 1968 pour abriter les antiquités du palais de l'Olowo d'Owo. Ouvert au public en 1987.

Port Harcourt

348
National Museum Port Harcourt

2 Harlery Street, Old GRA
BP 5166, Port Harcourt (River State)

Tel/Tél: 084-33 34 06

Chief Officer/Responsable: O.J. Eboreime

Status/Statut: National museum/Musée national

Opening hours/Heures d'ouverture: Not yet open to the public/Pas encore ouvert au public

Collections: ethnography/ethnographie

Services: library/bibliothèque

History/Historique: Founded in 1979/Créé en 1979.

Umuahia

349
National Museum Umuahia

P.M.B. 7074, Umuahia (Imo State)

Tel/Tél: 088-22 24 85

Chief Officer/Responsable:
J.E. Arhuidese

Status/Statut: National museum/Musée national

Opening hours/Heures d'ouverture: 09.00-18.00 daily/tous les jours

Charges/Prix d'entrée: gratis/gratuit

Collections: military history/histoire militaire

Services: library; photographic library/bibliothèque; photothèque

History/Historique: Opened in 1985. Formerly used as the Voice of Biafra radio station during the civil war. Reconstructed to suit the purpose of a war museum/Ouvert en 1985. Siège de la station de la Voix du Biafra pendant la guerre civile. Reconstruit en tant que musée de la guerre et ouvert en 1985.

Zaria

350
Ahmadu Bello University CNCS, NHRS Museum*

Ahmadu Bello University
Zaria (Kaduna State)

Status/Statut: University museum/Musée universitaire

Rwanda

Butare

351
Arboretum de Ruhande

Institut des Sciences Agronomiques de Rwanda (ISAR)
Département de Foresterie
B.P. 617, Butare

Collections: forestry/forêts

History/Historique: Established in 1934 during a wood supply crisis, the afforestation area today covers some 200 ha, 122 of which carry trees particularly adapted to the conditions of the country/Créé en 1934 pendant la crise de l'approvisionnement en bois, l'arboretum couvre actuellement une superficie de 200 ha dont 122 sont constitués d'arbres particulièrement adaptés aux conditions du pays.

Publications: Guide to the area (3rd ed., 1987)/"L'arboretum de Ruhande", note explicative à l'intention des visiteurs (3e ed., 1987)

352
Musée national du Rwanda

Institut national de recherche scientifique (INRS)
B.P. 218, Butare

Tel/Tél: 30280/30395

Telex/Télex: 604 PUB BTE RW
Chief Officer/Responsable:
Cyprien Rugamba
Director/Directeur

Status/Statut: National museum/Musée national

Opening hours/Heures d'ouverture: 07.00-12.00; 14.00-17.00 weekdays; 10.00-12.00; 14.00-17.00 Sunday and national holidays/07.00-12.00; 14.00-17.00 en semaine; 10.00-12.00; 14.00-17.00 dimanche et jours fériés

Charges/Prix d'entrée: 100 F

Collections: ethnography; archaeology/ethnographie; archéologie

History/Historique: INRS replaced the former centre for human sciences of the Scientific Research Institute of Butare, set up in 1947. New building erected to house the museum inaugurated in January 1989/L'INRS remplace l'ancien centre des sciences de l'homme de l'Institut pour la recherche scientifique de Butare, créé en 1947. Nouvel immeuble construit pour abriter le musée inauguré en janvier 1989.

Gitarama

353
Musée de Kabgayi

B.P. 66, Gitarama

Tel/Tél: 62104

Chief Officer/Responsable: Pierre Boutry
Curator/Conservateur

Status/Statut: Private museum/Musée privé

Opening hours/Heures d'ouverture: by appointment/sur rendez-vous

Collections: general: prehistory; geology; ethnography/mixtes: préhistoire; géologie; ethnographie

History/Historique: Collection started in 1943/Collection existant depuis 1943.

Publications: Museum guide/Guide du musée, "Le musée de Kabgayi" (1984)

Ruhengeri

354
Musée géologique*

Ruhengeri

Status/Statut: National museum/Musée national

Musée national du Rwanda, Butare. Interior of the new museum/Vue intérieure du nouveau musée.

São Tome and Principe
São Tomé-et-Principe

São Tomé

355
Museu nacional de São Tomé e Principe

C.P. 87, São Tomé

Tel/Tél: 21874

Chief Officer/Responsable:
Armindo Aguiar
Director/Directeur

Status/Statut: National museum/Musée national

Opening hours/Heures d'ouverture: 08.00-12.00; 14.30-17.00 Monday to Friday; 08.00-11.30 Saturday, closed on Sunday/08.00-12.00; 14.30-17.00 du lundi au vendredi; 08.00-11.30 le samedi, fermé le dimanche

Charges/Prix d'entrée: gratis/gratuit

Collections: general/mixtes

History/Historique: Founded in 1976, the museum is housed in the Fortress of Saint Sebastian (1585)/Fondé en 1976, le musée est installé dans la Forteresse de Saint Sébastien (1585).

Publications: Museum guide/Guide du musée

Senegal
Sénégal

Dakar

356
Musée d'art africain*

Place Tascher
B.P. 206, Dakar

357
Musée dynamique

Boulevard Martin Luther King
Corniche Ouest
B.P. 3308, Dakar

Tel/Tél: 22 07 98

Chief Officer/Responsable:
Ousmane Sow Huchard
Curator/Conservateur

Status/Statut: National museum/Musée national

Opening hours/Heures d'ouverture:
09.00-12.00; 15.00-20.00 15.00-20.00
Tuesday to Saturday/09.00-12.00 du mardi au samedi; 15.00-20.00 dimanche et lundi

Charges/Prix d'entrée: gratis/gratuit

Collections: contemporary art; ethnography/art contemporain; ethnographie

Services: library; photographic library; conference room; projection room; concert hall/bibliothèque; photothèque; salle de conférence; salle de projection; salle de concert

History/Historique: Inaugurated in 1966 on the eve of the First World Festival of Negro Arts, the museum's principal aim is the promotion of Senegalese art/Inauguré en 1966, à la veille du premier Festival mondial des Arts Nègres, le musée se propose avant tout de promouvoir l'art du Sénégal.

Publications: Catalogues; annual report; slides; postcards/Catalogues; rapport annuel; diapositives; cartes postales

358
Musée géologique africain*

Route de l'Université
B.P. 1238, Dakar

Gorée

359
Musée de la mer*

Place du Gouvernement
Château de Gorée, Gorée

360
Musée historique d'Afrique occidentale*

Rue Malavois
Ile de Gorée

Musée dynamique, Dakar. Concert with Soleya Mama and Abu Dramé in the courtyard of the museum (1986)/Concert dans la cour avec Soleya Mama et Abu Dramé (1986).

Musée de Saint-Louis du Sénégal. Showcase/Vitrine.

Saint-Louis

361
Musée de Saint-Louis du Sénégal*

Centre de recherche et de documentation du Sénégal
B.P. 382, Saint-Louis

Status/Statut: National museum/Musée national

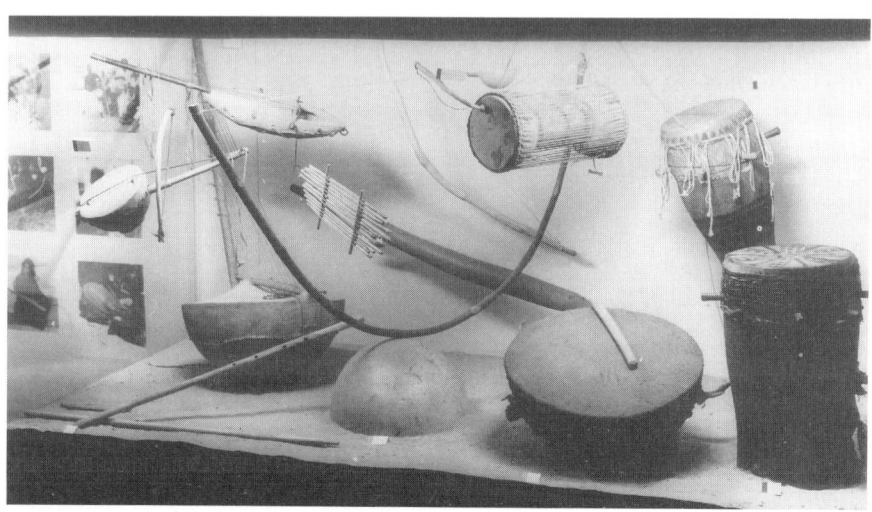

Seychelles

Victoria

362
Seychelles National Museum

Independence Avenue
Victoria (Mahe Island)

Tel/Tél: 23653

Chief Officer/Responsable: A. Lucas
Director/Directeur

Status/Statut: National museum/Musée national

Opening hours/Heures d'ouverture: 09.00-17.00 Monday to Friday; 09.00-12.00 on Saturday, closed on Sunday/09.00-17.00 du lundi au vendredi; 09.00-12.00 samedi, fermé le dimanche

Charges/Prix d'entrée: gratis/gratuit

Collections: general: archaeology; natural history/mixtes: archéologie; histoire naturelle

History/Historique: Set up in 1965/Etabli en 1965.

363
SPUP/SPPF Historical Museum

Francis Rachel Street
Victoria (Mahe Island)

Tel/Tél: 24777

Chief Officer/Responsable: A. Lucas
Director/Directeur

Status/Statut: National museum/Musée national

Opening hours/Heures d'ouverture: 09.00-17.00 except Saturday and Sunday/sauf samedi et dimanche

Charges/Prix d'entrée: gratis/gratuit

Collections: political museum/musée politique

History/Historique: First opened in 1984. Former headquarters of SPUP/Ouvert en 1984. Ancien siège du SPUP.

Sierra Leone

Freetown

364
**Sierra Leone National Museum*

Cotton Tree
P.O. Box 908, Freetown

Status/Statut: National museum/Musée national

Sierra Leone National Museum, Freetown. Gongoli mask/Masque Gongoli.

Njala

365
**National Herbarium*

Njala University College
Private Mail Bag, Njala

Status/Statut: University museum/Musée universitaire

Sierra Leone National Museum, Freetown. Nomoli steatite carving/Sculpture Nomoli en stéatite.

Somalia
Somalie

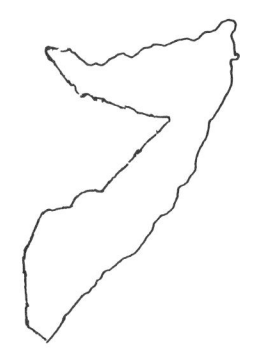

Hargeysa

366
Regional Museum of Northern Province of Somalia*

Hargeysa

Status/Statut: National museum/Musée national

Mogadishu

367
Miyusiyamka Ummadda/National Museum*

B.P. 207, Mogadishu

Status/Statut: National museum/Musée national

Sudan
Soudan

El Fasher

368
Darfur Provincial Museum*

Palace of Ali Dinar
El Fasher

Status/Statut: Provincial museum/Musée provincial

El Obeid

369
Sheikan Museum*

El Obeid
c/o P.O. Box 178, Khartoum

Status/Statut: Provincial museum/Musée provincial

Khartoum

370
Graphic Health Museum*

Khartoum

Status/Statut: National museum/Musée national

371
Khalifa House Museum*

Khartoum

Status/Statut: National museum/Musée national

372
Mathaf al Ethnografia*

University Avenue
P.O. Box 178, Khartoum

Status/Statut: University museum/Musée universitaire

373
Mathaf al Geologia/Geological Survey Museum*

Sharia Abu Sin
P.O. Box 410, Khartoum

Status/Statut: University museum/Musée universitaire

374
Mathaf al Sudan/Sudan National Museum*

Nile Avenue
P.O. Box 178, Khartoum

Status/Statut: National museum/Musée national

375
Mathaf al Tarikh al Tabia/Natural History Museum*

Sharia el Gama'a
P.O. Box 321, Khartoum

Status/Statut: University museum/Musée universitaire

376
Mathaf Meroe*

c/o P.O. Box 178, Khartoum

Status/Statut: National museum/Musée national

377
National Botanical Garden*

P.O. Box 285, Khartoum

Status/Statut: University museum/Musée universitaire

378
Zoological Garden*

Nile Avenue, Khartoum

Status/Statut: National museum/Musée national

Omdurman

379
Mathaf Beit al Khalifa*

Omdurman
c/o P.O. Box 178, Khartoum

Status/Statut: National museum/Musée national

Wadi-Halfa

380
Mathaf Wadi-Halfa*

Wadi-Halfa
c/o P.O. Box 178, Khartoum

Status/Statut: National museum/Musée national

Swaziland ◯

Lobamba

381
Swaziland National Museum

P.O. Box 100, Lobamba

Tel/Tél: 611 78/611 79

Chief Officer/Responsable:
Rosemary Andrade
Curator/Conservateur

Status/Statut: National museum/Musée national

Opening hours/Heures d'ouverture:
09.45-15.45 Tuesday to Friday; 10.00-15.45 Saturday and Sunday, closed on Monday/09.45-15.45 du mardi au vendredi; 10.00-15.45 samedi et dimanche, fermé le lundi

Charges/Prix d'entrée: gratis/gratuit

Collections: general: ethnography; archaeology; prehistory; geology; natural history; contemporary art/mixtes: ethnographie; archéologie; préhistoire; géologie; histoire naturelle; art contemporain

Services: library; photographic library; sound-archives; conference room; projection room/bibliothèque; photothèque; phonothèque; salle de conférence; salle de projection

History/Historique: Founded in 1972 and construction of museum building started in that year. Collections consist mainly of Swazi ethnographic material and cultural objects of other Southern African Bantu groups. Extensions (Natural History wing and office accommodation) pending/Créé en 1972 et construit à partir de cette même année. Les collections comprennent essentiellement des matériels ethnographiques swazis et des objets culturels d'autres groupes bantous d'Afrique australe. Extensions prévues (département d'histoire naturelle et bureaux).

Publications: Museum Yearbook; annual report/Annales et rapport annuel

Tanzania
Tanzanie

Arusha

382
Ngurdoto Gate

Arusha National Park
Box 3134, Arusha

Status/Statut: National museum/Musée national

Opening hours/Heures d'ouverture: 06.00-18.00

Charges/Prix d'entrée: gratis/gratuit

Collections: natural history; geology/histoire naturelle; géologie

Services: photographic library/photothèque

History/Historique: Constructed in the early sixties/Construit au début des années 1960.

383
The Arusha Declaration Museum

P.O. Box 7423, Arusha

Tel/Tél: 057-3683

Telex/Télex: CCM 42025

Chief Officer/Responsable:
Pius S. Mbonya
Curator/Conservateur

Status/Statut: National museum/Musée national

Opening hours/Heures d'ouverture: 09.30-18.00 daily/tous les jours

Charges/Prix d'entrée: gratis/gratuit

Collections: history/histoire

Services: library; conference room/bibliothèque; salle de conférence

History/Historique: Inaugurated in 1977, the museum was the meeting-place in which the Tanu National Executive Committee assembled in 1967 to formulate a socialist policy for Tanganyika, the Arusha Declaration/Inauguré en 1977. C'est là que le le Comité exécutif national s'est réuni en 1967 pour formuler la Déclaration d'Arusha, qui présente une politique socialiste pour le Tanganyika.

Bagamoyo

384
Catholic Church Private Museum

POB 16, Bagamoyo

Chief Officer/Responsable:
Rev. Father G.J. Versteijnen
Director/Directeur

Status/Statut: Private museum/Musée privé

Opening hours/Heures d'ouverture:
09.00-13.00; 14.30-17.30 every day/tous les jours

Collections: local history/histoire locale

History/Historique: Started in 1963 as a teaching aid by Father G.J. Versteijnen for his students of history in the Junior Seminar of the R.C. Diocese of Morogoro. Opened to the public in 1964 upon request from the Tanzanian Tourist Board. Building dates from 1878 and was originally a convent. Interior upgraded in 1981/Créé en 1963 à titre pédagogique par le Révérend Père Versteijnen pour son cours d'histoire du séminaire du diocèse de Morogoro. Ouvert au public en 1964 à la demande du bureau de tourisme tanzanien. Le bâtiment date de 1878 ; c'est un ancien couvent. L'intérieur a été rénové en 1981.

Bujora

385
Sukuma Museum

P.O. Box 76, Bujora

Chief Officer/Responsable:
Joseph M. Lupande
Director/Directeur

Status/Statut: Private museum/Musée privé

Opening hours/Heures d'ouverture:
08.00-18.00

Collections: ethnography/ethnographie

Services: sound-archives/phonothèque

History/Historique: Founded in 1968 by a local citizens' group, St. Cecilian Choir, under the authority of the Catholic Archdiocese of Mwanza, the museum aims to promote national culture. Maintains a Dance Troupe which performs both at home and abroad. Annual traditional dance festivals are organized by the museum/Fondé en 1968 par un groupe de citoyens de la ville, le choeur Ste. Cécile, et placé sous l'autorité de l'Archidiocèse catholique de Mwanza, le musée a pour but de promouvoir la culture nationale. Il subventionne une troupe de danse qui se produit dans le pays et à l'étranger. Le musée organise des festivals annuels de danse traditionnelle.

Publications: Sukuma Gazette; "Preaching the Gospel through Proverbs"/Magazine; monographies

Dar Es Salaam

386
Kijiji cha Makumbusho (Village Museum)
POB 511
Dar Es Salaam

Tel/Tél: 31 3 65/6

Status/Statut: National museum/Musée national

Opening hours/Heures d'ouverture: 09.00-18.00 daily/tous les jours

Charges/Prix d'entrée: 50 T.sh. ; citizens/Tanzaniens :10 T.sh.

History/Historique: Originates with a memorial fund, opened in 1937, for King George V; later a decision was taken that the memorial should become a museum and a building was completed in 1939. Formally opened to the public in December 1940 and confirmed under the National Museum Act 1963/C'est en 1937 que l'on créa un fonds à la mémoire du roi George V ; puis on décida d'en faire un musée dont la construction s'est achevée en 1939. Son ouverture au public a eu lieu en décembre 1940, et il est devenu musée national par un décret de 1963.

Publications: Annual Reports and Occasional Papers (No. 1, 1974) issued on an annual basis/Rapports annuels et documents périodiques (No. 1, 1974) publiés chaque année

387
National Museum of Tanzania

POB 511
Dar Es Salaam

Tel/Tél: 31 3 65/6

Chief Officer/Responsable: F.T. Masao Director/Directeur

Status/Statut: National museum/Musée national

Opening hours/Heures d'ouverture: 09.00-18.00 daily/tous les jours

Collections: general: archaeology; marine biology; ethnography; history/mixtes: archéologie; biologie marine; ethnographie; histoire

Dodoma

388
Geological Survey Museum*

P.O. Box 69, Dodoma

Status/Statut: National museum/Musée national

Marangu

389
Kibo Art Gallery*

Kilimanjaro
P.O. Box 98, Moshi Marangu

Mikumi

390
Mikumi National Park

POB 62, Mikumi

Chief Officer/Responsable: C.W. Kibasa
Status/Statut: Private museum/Musée privé

Opening hours/Heures d'ouverture:
12.30-18.30 every day/tous les jours

Charges/Prix d'entrée: gratis/gratuit

Collections: natural history; archaeology related to wildlife/histoire naturelle; archéologie relative aux animaux sauvages

History/Historique: Established in 1965 the museum serves primarily educational needs, especially school parties visiting the National Park. Contains specimens of birds and mammals/Crée en 1965, le musée sert, en premier lieu, d'instrument éducatif (groupes d'écoliers visitant le parc national). Spécimens d'oiseaux et de mammifères.

Mio Wa Mbu

391
Lake Manyara National Park

POB 12, Mio Wa Mbu

Status/Statut: National museum/Musée national

Opening hours/Heures d'ouverture:
06.30-18.30 every day/tous les jours

Charges/Prix d'entrée: gratis/gratuit

Collections: National Park/parc national

Zanzibar

392
Zanzibar National Museum

POB 116 Zanzibar

Tel/Tél: 32 3 37

Chief Officer/Responsable:
Njani Akilimali
Curator/Conservateur

Status/Statut: National museum/Musée national

Opening hours/Heures d'ouverture:
09.00-12.30; 15.30-18.00 daily except on holidays/tous les jours sauf les jours fériés
Collections: general: ethnography; archaeology; geology; natural history; contemporary art/mixtes: ethnographie;

archéologie; géologie; histoire naturelle; art contemporain

Services: library/bibliothèque

History/Historique: Originally a memorial to the victims of the First World War, the museum was opened in 1925 under the name Beit-el-Amani, "House of Peace". Natural History extension added in 1930/Ancien monument commémoratif pour les morts de la Première Guerre mondiale, le musée a été ouvert en 1925 sous le nom de Beit-el-Amani, c'est-à-dire "Maison de la Paix". Une annexe pour la collection d'histoire naturelle a été créée en 1930.

Togo

Aného

393
Musée d'histoire et d'ethnographie

B.P. 108, Aného
(Préfecture des Lacs)

Tel/Tél: 31 00 25

Telex/Télex: 5103 TO
Chief Officer/Responsable:
Kodjo Adanlessossi

Status/Statut: Regional museum/Musée régional

Opening hours/Heures d'ouverture: 08.00-12.00; 15.00-18.30 except Sunday and Monday/sauf dimanche et lundi

Charges/Prix d'entrée: gratis/gratuit

Collections: ethnography; history/ethnographie; histoire

History/Historique: Inaugurated in 1986, following the centenary celebrations of Germanic-Togolese relations. Original building in sheet-metal dates from the German colonial epoch (1883-84). Extensive renovations/Inauguré en 1986 à la suite des fêtes du centenaire des relations germano-togolaises. Le bâtiment originel est en tôle et date de l'époque coloniale allemande (1883-1884). Rénovations importantes.

Lomé

394
Musée national de plein air*

Lomé

395
Musée national des sites et monuments

B.P. 12156, Lomé

Tel/Tél: 21 68 07/21 71 40

Chief Officer/Responsable:
Moussa Madjababa Tchanile
Curator/Conservateur

Status/Statut: National museum/Musée national

Opening hours/Heures d'ouverture: 08.00-12.00; 15.00-18.00 Monday to Friday; 15.00-18.00 Saturday and Sunday/08.00-12.00; 15.00-18.00 du lundi au vendredi; 15.00-18.00 samedi et dimanche

Collections: general; ethnography; history; arts/mixtes: ethnographie; histoire; arts

Services: sound-archives/phonothèque

History/Historique: Inaugurated in 1975. Building constructed in 1972/Inauguré en 1975. Le bâtiment date de 1972.

Publications: Catalogue on the works of the handicraft village (1983)/Catalogue sur les oeuvres du village artisanal (1983)

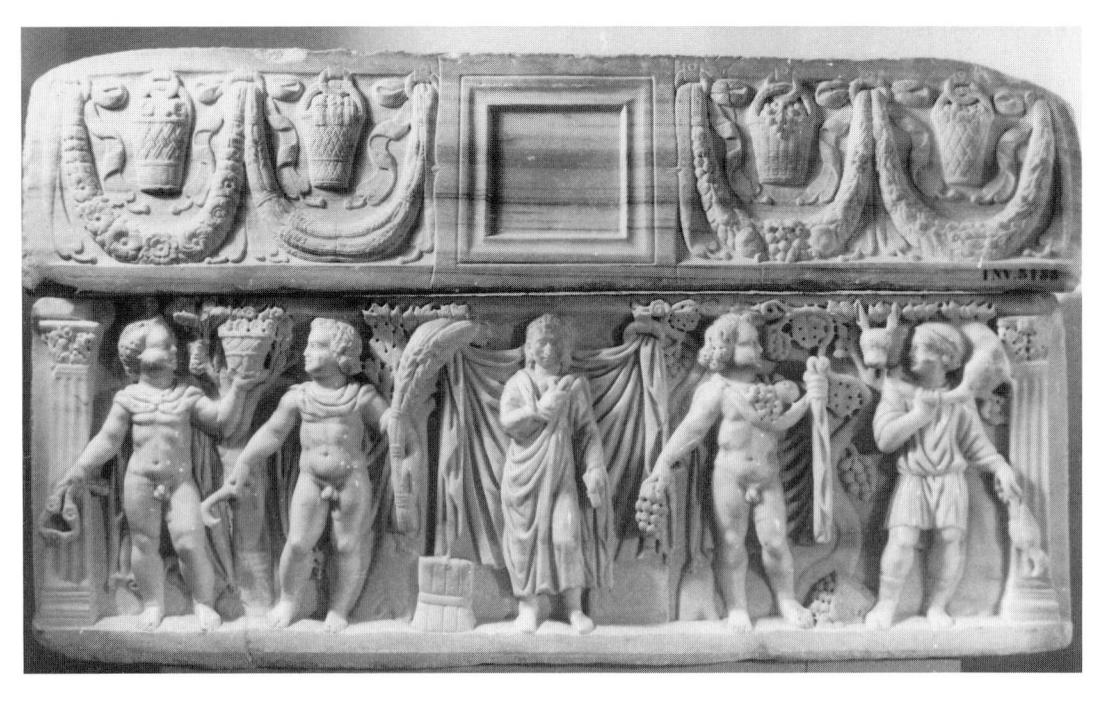

Musée national du Bardo. Sarcophagus (4th c. AD) from Carthage/Sarcophage (IVe s. ap. JC) de Carthage.

Musée national du Bardo. Mosaic with Virgil and the Muses Clio and Melpomene (4th c. AD)/Mosaïque représentant Virgile et les deux Muses Clio et Melpomène (IVe s. ap. JC).

Tunisia
Tunisie

Bulla Regia

396
Antiquarium de Bulla Regia

Bulla Regia

Chief Officer/Responsable: Hédi Abidi

Status/Statut: National museum/Musée national

Opening hours/Heures d'ouverture: 09.00-17.00

Charges/Prix d'entrée: gratis/gratuit

Collections: archaeology/archéologie

History/Historique: Site museum inaugurated in 1987/Musée de site inauguré en 1987.

Carthage

397
Antiquarium de la basilique de Dermech

Carthage

Chief Officer/Responsable: A. Ennabli Curator/Conservateur

Status/Statut: National museum/Musée national

Opening hours/Heures d'ouverture: 08.00-18.00 Summer; 08.00-17.00 Winter/08.00-18.00 en été; 08.00-17.00 en hiver

Charges/Prix d'entrée: 1 DT

Collections: archaeology/archéologie

History/Historique: Created in 1983 during the International Campaign for the Safeguarding of Carthage/Créé en 1983 dans le cadre de la campagne internationale pour la sauvegarde de Carthage.

398
Antiquarium des ports puniques

Carthage

Chief Officer/Responsable: A. Ennabli Curator/Conservateur

Status/Statut: National museum/Musée national

Opening hours/Heures d'ouverture: 08.00-18.00 Summer; 08.00-17.00 Winter/08.00-18.00 en été; 08.00-17.00 en hiver

Charges/Prix d'entrée: 1 DT

Collections: scale models/maquettes

History/Historique: Created within the framework of the International Campaign for the Safeguarding of Carthage. Opened in 1982/Créé dans le cadre de la Campagne internationale pour la sauvegarde de Carthage. Ouvert en 1982.

Publications: postcards/cartes postales

399
Antiquarium du quartier punique

Carthage

Chief Officer/Responsable: A. Ennabli

Status/Statut: National museum/Musée national

Opening hours/Heures d'ouverture: 08.00-18.00 Summer; 08.00-17.00 Winter/08.00-18.00 en été; 08.00-17.00 en hiver

Charges/Prix d'entrée: 1 DT

Collections: archaeology; models/archéologie; maquettes

History/Historique: Site antiquarium opened in 1984 within the International Campaign for the Safeguarding of Carthage/Antiquarium de site ouvert en 1984 dans le cadre de la campagne internationale pour la sauvegarde de Carthage.

400
Musée de Carthage

Colline de Byrsa
B.P. 3 2070, Carthage

Tel/Tél: 730 036

Chief Officer/Responsable: Abdelmajid Ennabli
Curator/Conservateur

Status/Statut: National museum/Musée national

Opening hours/Heures d'ouverture: 08.00-19.00 Summer; 08.00-17.00 Winter/08.00-18.00 en été; 08.00-17.00 en hiver

Charges/Prix d'entrée: 1 DT

Collections: archaeology/archéologie

Services: library; photographic library; conference room; projection room

History/Historique: Site museum created in 1875. Private museum owned by the Pères Blancs until 1964, when it was transferred to the Tunisian authorities following an agreement between Tunisia and the Vatican. Renovation project in progress/ Musée de site créé en 1875. Musée privé des Pères Blancs jusqu'en 1964 où il est remis aux autorités tunisiennes à la suite d'un accord entre la Tunisie et le Vatican. Projet de rénovation en cours.

Publications: Museum guide; annual journal/"Guide du musée de Carthage" (1981); journal annuel

401
Parc archéologique des thermes d'Antonin

Rue des Thermes d'Antonin
Carthage

Chief Officer/Responsable: A. Ennabli
Curator/Conservateur

Status/Statut: National museum/Musée national

Opening hours/Heures d'ouverture:
08.00-18.00

Charges/Prix d'entrée: 1 DT

Collections: archaeology/archéologie

History/Historique: The 200 metre-long thermae were built to Emperor Antonin's order in 145 and 162. A residential quarter, ancient water tanks, a funeral chapel, two Christian basilicas, and a Punic tomb can also be seen in the park/Les thermes d'environ 200 mètres de long ont été construits en 145 et 162 sur ordre de l'empereur Antonin. Un quartier résidentiel, d'anciennes citernes, une chapelle funéraire, deux basiliques chrétiennes et un tombeau punique se trouvent aussi dans le parc.

402
Parc des villas romaines de l'Odéon*

Villa romaine "La Maison de la Volière"
Carthage

403
Tophet de Salammbo

Rue Hannibal
Carthage

Chief Officer/Responsable: A. Ennabli
Curator/Conservateur

Status/Statut: National museum/Musée national

Opening hours/Heures d'ouverture:
08.00-18.00

Charges/Prix d'entrée: 1 DT

Collections: archaeology/archéologie

History/Historique: Open-air site museum containing the remains of the most ancient Punic religious centre/Ce musée de plein air renferme les vestiges du plus ancien lieu de culte punique.

Djerba

404
Musée des arts et traditions populaires

Sidi Zitouni Houmt Souk
Djerba 4180

Tel/Tél: 05-50 540

Chief Officer/Responsable:
Aziza Ben Tanfous
Curator/Conservateur

Status/Statut: Municipal museum/Musée municipal

Opening hours/Heures d'ouverture: 09.00-12.00; 15.00-18.30 Summer; 09.00-12.00; 14.00-17.30 Winter; closed on Friday/09.00-12.00; 15.00-18.30 en été; 09.00-12.00; 14.00-17.30 en hiver; fermé le vendredi

Charges/Prix d'entrée: 0,800 DT

Collections: ethnography/ethnographie

History/Historique: Created in 1970, the museum exhibits the traditional heritage of the island. Housed in an ancient mausoleum (18th c.)/Créé en 1970, le musée expose le patrimoine traditionnel de l'île. Aménagé dans un ancien mausolée (XVIIIe s.)

El Jem

405
Musée archéologique d'El Jem

Rue Fadhe Ben Achour (route de Sfax)
El Jem

Tel/Tél: 03-90 093

Chief Officer/Responsable: Hedi Slim
Curator/Conservateur

Status/Statut: Regional museum/Musée régional

Opening hours/Heures d'ouverture: 08.30-12.00; 14.30-18.00 Summer; Winter closed at 17.30; closed on Monday/08.30-12.00; 14.30-18.00 en été; en hiver fermeture à 17.30; fermé le lundi

Charges/Prix d'entrée: 1 D

Collections: archaeology/archéologie

History/Historique: Started in 1964. Opened in 1970. Extension project in progress/Commencé en 1964. Ouvert en 1970. Projet d'extension en cours.

El Kef

406
Musée des arts et traditions populaires du Kef

2 Place Ali B. Aissa
El Kef 7100

Tel/Tél: 08-21 503

Chief Officer/Responsable: Salem Laroussi

Status/Statut: Regional museum/Musée régional

Opening hours/Heures d'ouverture: 09.00-13.00; 16.00-18.00 Summer; 09.00-15.30 Winter; closed on Monday/09.00-13.00; 16.00-18.00 en été; 09.00-15.30 en hiver; fermé le lundi

Charges/Prix d'entrée: 800 m

Collections: ethnography; folk art/ethnographie; arts et traditions populaires

History/Historique: Inaugurated in 1978. Installed in an 18th c. building/Inauguré en 1978. Installé dans un édifice du XVIIIe s.

Enfidaville

407
Musée d'Enfida*

Enfidaville

Gabès

408
Musée des arts et traditions populaires

Sidi Boulbaba, Gabès 6012

Tel/Tél: 05-71 111

Chief Officer/Responsable:
Nacem Baklouti
Curator/Conservateur

Status/Statut: Regional museum/Musée régional

Opening hours/Heures d'ouverture:
09.00-12.00; 15.00-18.00 except Monday/sauf lundi

Charges/Prix d'entrée: 600 m

Collections: ethnography; folk art/ethnographie; arts et traditions populaires

History/Historique: Created in 1985/Créé en 1985.

Kairouan

409
Musée de Kairouan*

Kairouan

Khrisane

410
Musée lapidaire Sidi Bou*

Khrisane

Ksar Hellal

411
Musée Dar Ayed

Ksar Hellal

Chief Officer/Responsable: Selwa Zangar

Status/Statut: Regional museum/Musée régional

Opening hours/Heures d'ouverture:
08.30-17.00 except Sunday afternoon/sauf dimanche après-midi

Collections: history/histoire

History/Historique: Opened in 1978 in a building which had housed the extraordinary congress of the Tunisian constitutional liberal party (1934), which gave birth to the Neo-destour party/Ouvert en 1978 dans un bâtiment qui a abrité le congrès extraordinaire du parti constitutionnel tunisien à l'issue duquel devait naître le parti Neo-destour (1934).

Le Bardo

412
Musée national du Bardo

2000 Le Bardo

Tel/Tél: 513 650/513 842

Chief Officer/Responsable:
Aïcha Ben Abed
Curator/Conservateur

Status/Statut: National museum/Musée national

Opening hours/Heures d'ouverture:
09.30-16.30 except Monday and Aïd celebrations/sauf lundi et fêtes de l'Aïd

Charges/Prix d'entrée: 1 D

Collections: general: prehistory; ethnography; archaeology; folk art/mixtes: préhistoire; ethnographie; archéologie; arts et traditions populaires
Services: library; photographic library/bibliothèque; photothèque

History/Historique: Installed in the former palace of M'Hamed Bey, which became a museum in 1888. Numerous renovations and extensions achieved since then/Installé dans l'ancien palais de M'Hamed Bey et transformé en musée en 1888. Multiples rénovations et extensions réalisées jusqu'à ce jour.

Publications: Museum catalogue and guide; monographs; slides; postcards/Catalogue et guide du musée; monographies; diapositives; cartes postales

Mactar

413
Musée de Mactar*

Mactar

Mahdia

414
Musée de Mahdia*

Mahdia

Matmata

415
Musée local*

Matmata

Musée national du Bardo. Carthage room/Vue de la salle de Carthage.

Musée national du Bardo. Sbeitla: Triumphal arch (Roman period)/Arc de triomphe de l'enceinte (époque romaine).

Musée national du Bardo. Patio of the Islamic Civilisation Section/Patio du Département de la civilisation islamique.

Musée de Carthage. Punic mask/Masque punique. (Photo Unesco)

Moknine

416
Musée de Moknine

Moknine

Chief Officer/Responsable:
Béchir Ben Hassine

Status/Statut: Regional museum/Musée régional

Opening hours/Heures d'ouverture:
08.30-12.00; 14.00-17.30

Charges/Prix d'entrée: gratis/gratuit

Collections: archaeology; folk art/archéologie; traditions populaires

History/Historique: Housed in the 14th c. Marabout of Sidi Bou Abana. Transfer anticipated/Installé dans le Marabout de Sidi Bou Abana, édifié au XIVè siècle. Transfert envisagé prochainement.

Monastir

417
Musée du Ribat de Monastir

Monastir

Tel/Tél: 03-61 272

Status/Statut: National museum/Musée national

Opening hours/Heures d'ouverture:
09.00-12.00; 14.30-18.00

Charges/Prix d'entrée: 1 D

Collections: archaeology/archéologie

History/Historique: Installed in the former 8th c. Ribat oratory/Installé dans l'ancien oratoire du Ribat construit au VIIIe s.

Nabeul

418
Musée du Cap Bon

Avenue Habib Bourguiba
Nabeul

Tel/Tél: 02-85 509

Chief Officer/Responsable: Latifa Slim
Curator/Conservateur

Status/Statut: Regional museum/Musée régional

Opening hours/Heures d'ouverture:
09.00-16.30 except Monday and some national holidays/sauf lundi et certains jours fériés

Charges/Prix d'entrée: 600 m

Collections: archaeology/archéologie

History/Historique: Opened in 1984, restructured in 1987-88. Installation of two new rooms in progress/Ouvert en 1984, réaménagé en 1987-88. Création de deux nouvelles salles en cours.

Salacta

419
Musée de Salacta

Salacta

Chief Officer/Responsable:
Nejib Ben Lazreg
Curator/Conservateur

Status/Statut: Provincial museum/Musée provincial

Opening hours/Heures d'ouverture:
08.00-12.00; 14.00-18.00 except Monday/sauf lundi

Charges/Prix d'entrée: 600 m

Collections: archaeology/archéologie

History/Historique: Site museum inaugurated in 1980. Extension in progress/Musée de site inauguré en 1980. Extension d'une salle en cours.

Salammbo

420
Musée et aquarium de Salammbo

28, avenue 2 mars 1934
2025 Salammbo

Tel/Tél: 730 420/730 548
Telex/Télex: 14739 MEDRAP TN

Chief Officer/Responsable: Hadj Ali Salem
Director/Directeur

Status/Statut: National museum/Musée national

Opening hours/Heures d'ouverture:
14.30-17.30 Tuesday to Saturday; 10.00-12.00 Sunday; closed on Monday/14.30-17.30 du mardi au samedi; 10.00-12.00 le dimanche; fermé lundi

Charges/Prix d'entrée: 200 m

Collections: oceanography/océanographie

Services: library/bibliothèque

History/Historique: Created in 1924/Créé en 1924.

Publications: Museum and aquarium guide; Bulletin of the National Scientific and Technical Institute of Oceanography/"Guide illustré du Musée et de l'Aquarium" (1927); Bulletin de l'Institut national scientifique et technique d'Océanographie et de Pêche Salammbo.

Sfax

421
Musée archéologique de Sfax

Palais de la municipalité
av. H. Bourguiba, Sfax

Tel/Tél: 04-29 744

Chief Officer/Responsable: Ali Zouari
Curator/Conservateur

Status/Statut: Regional museum/Musée régional

Opening hours/Heures d'ouverture: 08.30-13.00; 15.00-18.00 except Monday/sauf lundi

Charges/Prix d'entrée: 800 m

Collections: archaeology/archéologie

History/Historique: Created at the beginning of this century and extended in 1966/Créé au début du siècle et agrandi en 1966.

422
Musée d'art et de traditions populaires

5 rue Sidi Ali Nouri
3001 Sfax

Tel/Tél: 04-21 186

Chief Officer/Responsable: Ali Zouari
Curator/Conservateur

Status/Statut: Regional museum/Musée régional

Opening hours/Heures d'ouverture: daily except Monday/tous les jours sauf lundi

Charges/Prix d'entrée: 800 m

Collections: ethnography/ethnographie

Services: library/bibliothèque

History/Historique: Opened in 1965 and extended in 1976/Ouvert en 1965 et agrandi en 1976.

Publications: Temporary exhibition catalogues/Catalogues d'expositions temporaires

Sousse

423
Musée archéologique de Sousse

Rue Maréchal Tito
Sousse

Tel/Tél: 03-33 695

Chief Officer/Responsable: Azaïz Antit
Curator/Conservateur

Status/Statut: Regional museum/Musée régional

Opening hours/Heures d'ouverture: 09.00-12.00; 15.00-18.30 Summer; 09.00-12.00; 14.00-17.30 Winter/ 09.00-12.00; 15.00-18.30 en été; 09.00-12.00; 14.00-17.30 en hiver

Charges/Prix d'entrée: 1 D

Collections: archaeology/archéologie

Services: library; conference room; projection room/bibliothèque; salle de conférence; salle de projection

History/Historique: Installed in a 9th c. fortress, the Kasbah of Sousse, the museum was founded in 1951. Extension and development project anticipated in 1989/Installé dans une forteresse du IXe s., la Kasbah de Sousse, le musée a été fondé en 1951 et réorganisé en 1956.

Projet d'extension et d'aménagement en 1989.

Publications: Museum guide; slides; postcards/"Guide du Musée de Sousse" (1963); diapositives; cartes postales

Tabarka

424
Musée de Tabarka
Rue de la Basilique
Tabarka

Tel/Tél: 08-44 281

Chief Officer/Responsable:
Youssef Barkouti

Status/Statut: Regional museum/Musée régional

Opening hours/Heures d'ouverture:
09.00-12.00; 15.00-18.00 except Monday/sauf lundi

Charges/Prix d'entrée: 600 m

Collections: archaeology; ethnography; history/archéologie; ethnographie; histoire

History/Historique: Monument from the Roman period. Restructuration anticipated in 1989/Monument d'époque romaine. Réaménagement prévu en 1989.

Teboursouk

425
Musée Teboursouk

Lycée, Teboursouk

Chief Officer/Responsable:
Mme Zangar

Status/Statut: National museum/Musée national

Opening hours/Heures d'ouverture:
08.30-16.30 except Sunday/sauf dimanche

Collections: history/histoire

History/Historique: Originally a military gaol for militants arrested after the demonstrations of 8 and 9 April 1938 and at the Declaration of the 2nd World War/Ancienne prison militaire où furent détenus les militants arrêtés à la suite des manifestations du 8 et 9 avril 1938 et à l'annonce de la Seconde Guerre mondiale.

Tunis

426
Centre d'art vivant de la ville de Tunis - Musée d'art moderne

Le Belvédère, 1002 Tunis

Tel/Tél: 283 749/890 834/289 629

Chief Officer/Responsable: Ali Louati
Director/Directeur

Status/Statut: National museum/Musée national

Opening hours/Heures d'ouverture: 09.00-17.00 except Monday/sauf lundi

Charges/Prix d'entrée: gratis/gratuit

Collections: contemporary art/art contemporain

Services: library; photographic library; sound-archives; conference room; projection room/bibliothèque; photothèque; phonothèque; salle de conférence; projection room

History/Historique: Founded in 1977/Fondé en 1977.

Publications: Temporary exhibition catalogues; monthly programme of activities; slides/Catalogues d'expositions temporaires; programme d'activités mensuel; diapositives

427
Musée d'art islamique*

Palais du Dar Hussein El Farib
4 place du Château, Tunis

428
Musée de la monnaie*

Place de Rome, Tunis

429
Musée du 9 avril 1938

Rue 2 mars 1934
La Kasbah, Tunis

Tel/Tél: 264 941

Chief Officer/Responsable: Salwa Zangar

Status/Statut: National museum/Musée national

Opening hours/Heures d'ouverture: 08.00-16.00 except Sunday/sauf dimanche

Collections: history/histoire

Services: library; photographic library/bibliothèque; photothèque

History/Historique: Originally a military gaol used during the colonial period, and transformed into a museum in 1978/Ancienne prison militaire datant de la période coloniale, aménagée en musée en 1978.

Publications: Temporary exhibition catalogues/"Le musée de l'histoire du mouvement national" (1983)

430
Musée du Conservatoire*

16, avenue Mohamed V
Tunis

431
Musée du patrimoine traditionnel de Tunis

Rue Ben Abdallah
Tunis

Tel/Tél: 256 195

Chief Officer/Responsable: Alia Bairam
Curator/Conservateur

Status/Statut: Regional museum/Musée régional

Opening hours/Heures d'ouverture: daily except Sunday/tous les jours sauf dimanche

Charges/Prix d'entrée: 1 D

Collections: ethnography; folk art/ethnographie; arts et traditions populaires

Services: conference room; projection room/salle de conférence; salle de projection

History/Historique: Created in 1978 in a former 18th c. palace/Créé en 1978 dans un ancien palais du XVIIIe s.

Publications: Catalogue of collections/"Les cahiers des Arts et Traditions Populaires"

432
Musée national des PTT*

29b, rue Es-Sadikia
Tunis

433
Musée place du Leader

Place du Leader
Tunis

Chief Officer/Responsable: Mme Zangar

Status/Statut: National museum/Musée national

Opening hours/Heures d'ouverture: 08.30-16.30 except Sunday afternoon/sauf dimanche après-midi

Collections: history/histoire

History/Historique: Former residence of Leader Habib Bourguiba. Exhibition on events of 9 April 1938, and January 18, 1952/Ancienne demeure du Leader Habib Bourguiba. Exposition relatant les événements du 9 avril 1938 et du 18 janvier 1952.

434
Parc zoologique de la ville de Tunis

Belvédère, Tunis

Tel/Tél: 28 62 56/28 40 08

Chief Officer/Responsable: Docteur Benzina
Director/Directeur

Status/Statut: Municipal museum/Musée municipal

Opening hours/Heures d'ouverture: 10.00 to sunset except Monday/10.00 au coucher du soleil, sauf lundi

Charges/Prix d'entrée: 300 m

Collections: natural history/histoire naturelle

Services: library; conference room/bibliothèque; salle de conférence

History/Historique: Opened in 1963, the park covers 14 hectares. Extension anticipated/Ouvert en 1963, le parc couvre 14 hectares. Extension prévue.

Publications: Guide; postcards/Guide; cartes postales

435
Sidi Bou Khrissan

Rue Ben Mahmoud, Tunis

Chief Officer/Responsable: Abdelaziz Daoulatli Curator/Conservateur

Status/Statut: Regional museum/Musée régional
Opening hours/Heures d'ouverture: 08.00-17.00 except Sunday/sauf dimanche

Collections: archaeology/archéologie

History/Historique: Tourba created at the end of the 11th c. and restored in 1982. Used as a lapidary museum (200 grave stelae)/Tourba créée à la fin du XIe s. et restaurée en 1982. Utilisée comme musée lapidaire (200 stèles funéraires).

436
Musée du mouvement national*

Boulevard du 9 avril 1938
Bab-Souika, 1006 Tunis

Utique

437
Musée d'Utique

7060 Utique

Chief Officer/Responsable: Chelbi Fethi Curator/Conservateur

Status/Statut: National museum/Musée national

Opening hours/Heures d'ouverture: 08.30-12.00; 14.30-18.00 Summer; 08.30-12.00; 14.00-17.30 Winter/08.30-12.00; 14.30-18.00 en été; 08.30-12.00; 14.00-17.30 en hiver

Charges/Prix d'entrée: 800 m

Collections: archaeology/archéologie

History/Historique: Site museum. New premises inaugurated in 1988/Musée de site. Inauguration de nouveaux locaux en 1988.

Musée des arts et traditions populaires, Sfax.

Musée du Cap Bon, Nabeul. Showcase/Vitrine.

Musée Téboursouk. Doors to the cells of the old prison/Cour avec portes des anciennes cellules de la prison.

Uganda
Ouganda

Entebbe

438
Botanic Gardens*

Berkeley Street
P.O. Box 40, Entebbe

Status/Statut: National museum/Musée national

439
Forestry Department Library and Herbarium*

Kampala Road, Forest Office
P.O. Box 31, Entebbe

Status/Statut: National museum/Musée national

440
Game and Fisheries Department Museum, Aquarium and Library*

Above Entebbe Pier
P.O. Box 4, Entebbe

Status/Statut: National museum/Musée national

441
Museum of the Geological Survey and Mines*

Above Entebbe Pier
P.O. Box 9, Entebbe

Kabale

442
Kabale Regional Museum

P.O. Box 174, Kabale

Tel/Tél: 67 Kabale

Chief Officer/Responsable:
Herbert R. Baryayebwa
Director/Directeur

Status/Statut: Regional museum/Musée régional

Opening hours/Heures d'ouverture:
10.00-18.00 weekdays/en semaine
15.00-19.00 during weekends/15.00-19.00 pendant le week-end

Charges/Prix d'entrée: gratis/gratuit

Collections: general: prehistory; ethnography; archaeology; geology; natural history; contemporary art/mixtes: préhistoire; ethnographie; archéologie; géologie; histoire naturelle; art contemporain

History/Historique: Founded by the Ministry of Culture and opened in 1977 to serve the Western region of Uganda/Fondé par le ministère de la Culture et ouvert en 1977 pour desservir la région ouest de l'Ouganda.

Kampala

443
Forest Department Utilisation Division and Museum*

P.O. Box 1752, Kampala

444
Makerere University Art Gallery

P.O. Box 7062, Kampala

Chief Officer/Responsable:
Francis Musango
Director/Directeur

Status/Statut: University museum/Musée universitaire

Opening hours/Heures d'ouverture:
09.30-16.30

Charges/Prix d'entrée: gratis/gratuit

Collections: fine arts/beaux-arts

History/Historique: Funds donated in 1965 by the Gulbenkian Foundation to assist in building a teaching gallery for the Art School. Only one storey completed in 1968. Badly damaged during the wars of 1972-85, renovated and reopened in 1988/En 1965, construction d'une galerie d'exposition pour l'Ecole des Beaux-Arts grâce à l'aide financière de la Fondation Gulbenkian. Un seul étage a été réalisé en 1968, mais il a été sévèrement endommagé pendant les guerres de 1972-1985. Réhabilité et réouvert en 1988.

Publications: "Makerere Art Gallery" (1988)/Catalogue des collections

445
Makerere University Zoological Museum

P.O. Box 7062, Kampala

Chief Officer/Responsable:
M.A. Byaruhawga
Curator/Conservateur

Status/Statut: University museum/Musée universitaire

Opening hours/Heures d'ouverture:
08.30-12.30; 14.00-16.00 except Saturday afternoon and Sunday/sauf samedi après-midi et dimanche

Charges/Prix d'entrée: gratis/gratuit

Collections: natural history; prehistory; archaeology; geology/histoire naturelle; préhistoire; archéologie; géologie

History/Historique: Opened in 1963/Ouvert en 1963.

446
Medical School Museum*

Makerere University,
Kampala Medical School
Mulago Hospital, Kampala

Status/Statut: University museum/Musée universitaire

447
Nommo Art Gallery*

52, Kampala Road
P.O. Box 16132, Kampala

Status/Statut: Private museum/Musée privé

448
Teso Museum*

Kennedy Square
P.O. Box 58, Kampala

Status/Statut: Regional museum/Musée régional

449
Uganda Museum*

Kira Road
P.O. Box 365, Kampala

Status/Statut: National museum/Musée national

Kawanda

450
Agricultural Research Station-Department of Agriculture*

P.O. Box 265, Kawanda

Lake Katwe

451
Queen Elizabeth Natural Park Museum*

P.O. Box 22, Lake Katwe

Mbarara

452
Folk Museum*

Mbarara

Naguru

453
Uganda Police Museum*

Naguru

Uganda Museum - National Museum of Uganda/
Musée national d'Ouganda, Kampala.
(Photo G. de Guichen)

Small statue from the Kassai Province/
Statuette du Kassaï. (Photo Unesco)

Institut des Musées Nationaux du Zaïre, Kinshasa.
Yaka drum/Tambour à fente Yaka.

Zaire
Zaïre

Bukavu

454
Musée préhistorique et géologique*

Bukavu

Status/Statut: Provincial museum/Musée provincial

Kananga

455
Musée national de Kananga*

B.P. 612, Kananga
(Kasai Occidental)

Status/Statut: National museum/Musée national

Kangu (Kinshasa)

456
Musée de Mayombe*

Kangu (Kinshasa)

Status/Statut: Private museum/Musée privé

Kingoy

457
Musée ethnologique provincial*

Kingoy

Status/Statut: Private museum/Musée privé

Kinshasa

458
Académie des Beaux-Arts*

Avenue des Victimes de la Rébellion
B.P. 8249, Kinshasa

459
Musée de géologie*

Kinshasa

Status/Statut: National museum/Musée national

460
Musée national de la vie congolaise*

18, avenue des Aviateurs
Kinshasa

Status/Statut: National museum/Musée national

461
Musée scolaire*

Kinshasa

Status/Statut: Provincial museum/Musée provincial

462
Musées universitaire-Centre de recherches interfacultaires

Université, Kinshasa

Tel/Tél: poste 405

Chief Officer/Responsable: Mamengi Nzazi
Curator/Conservateur

Status/Statut: University museum/Musée universitaire

Opening hours/Heures d'ouverture: 08.30-15.00 except Sunday/sauf dimanche

Charges/Prix d'entrée: gratis/gratuit

Collections: prehistory; ethnography; natural history/préhistoire; ethnographie; histoire naturelle

Services: library/bibliothèque

History/Historique: Integration of prehistoric collections in 1954, and of ethnographic collections in 1956/Intégration des collections préhistoriques en 1954 et des collections ethnographiques en 1956.

Publications: Review and guide/Revue et guide

Kirkwit

463
Musée ethnologique provincial*

Kirkwit

Status/Statut: Provincial museum/Musée provincial

Kisangani

464
Musée de la vie indigène*

B.P. 1118, Kisangani

Status/Statut: Provincial museum/Musée provincial

Kolwesi

465
Musée minéralogique*

Kolwesi

Status/Statut: Private museum/Musée privé

Likasi

466
Musée de géologie*

Likasi

Status/Statut: Private museum/Musée privé

Lubumbashi

467
Musée national de Lubumbashi*

B.P. 2375, Lubumbashi Shaba

Status/Statut: National museum/Musée national

Lwiro

468
Musée ethnographique*

Lwiro

Matadi

469
Musée*

Matadi

Status/Statut: Private museum/Musée privé

Mbandaka

470
Musée national de Mbandaka*

Avenue du Commerce 16
B.P. 344, Mbandaka

Status/Statut: National museum/Musée national

Mushenge

471
Musée du roi de Kuba*

Mushenge

Status/Statut: Private museum/Musée privé

Mweka

472
Musée ethnologique provincial*

Mweka

Status/Statut: Provincial museum/Musée provincial

Tshikappa

473
Musée ethnologique provincial*

Tshikappa

Status/Statut: Provincial museum/Musée provincial

Vivi

474
Musée de Stanley*

Vivi (near/près de Matadi)

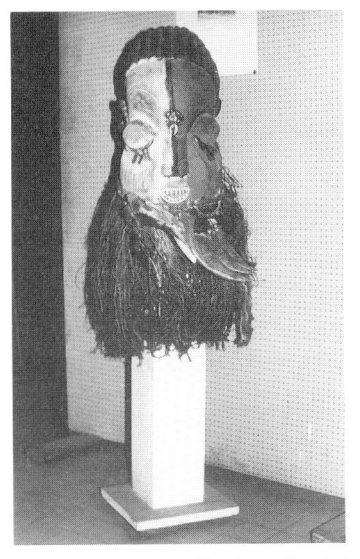

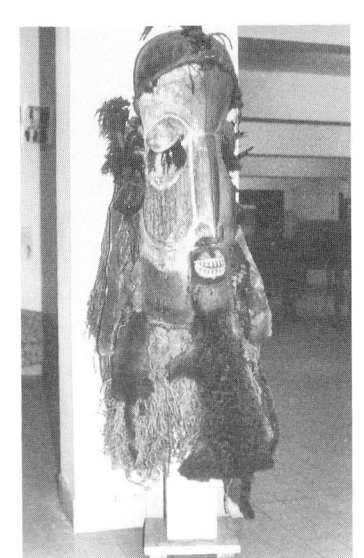

Musée universitaire, Kinshasa. Boy's initiation mask, Suku tribe, Banounou Region/Masque d'initiation pour garçon de la tribu Suku, Région de Banounou. (Photo C. Antomarchi)

Musée universitaire, Kinshasa. Girl's initiation mask, Suku tribe, Banounou Region/Masque d'initiation pour jeune fille de la tribu Suku, Région de Banounou. (Photo C. Antomarchi)

Institut des Musées Nationaux du Zaïre, Kinshasa. Eastern Pende Mask/Masque des Pende orientaux.

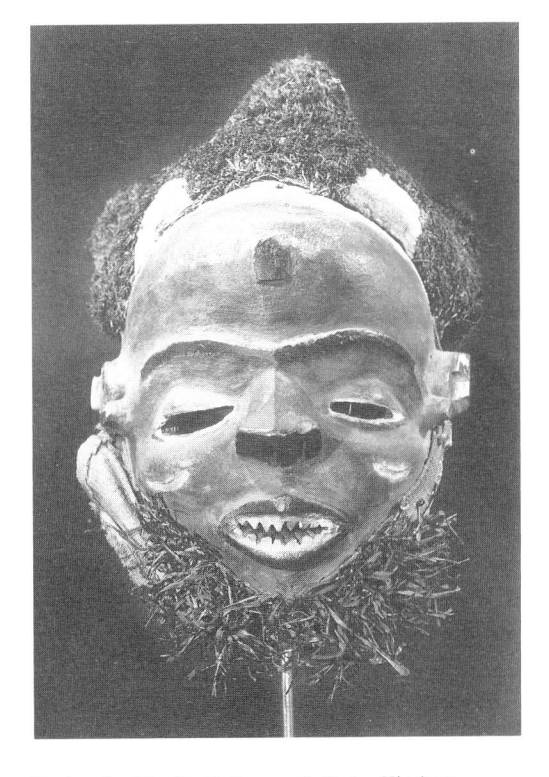

Institut des Musées Nationaux du Zaïre, Kinshasa. Pende mask/Masque Pende.

Zambia
Zambie

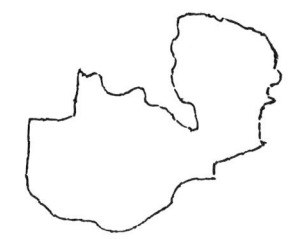

Limulunga

475
Nayuma Museum

P.O. Box 96, Limulunga

Tel/Tél: 07-221 421

Chief Officer/Responsable:
Sitali Mungoni
Curator/Conservateur

Status/Statut: Private museum/Musée privé

Opening hours/Heures d'ouverture:
08.00-13.00; 14.00-17.00 except New Year's day/sauf 1er de l'an

Charges/Prix d'entrée: adults: 50 n, children: 30 n/adultes : 50 n, enfants : 30 n

Collections: ethnography; contemporary art/ethnographie; art contemporain

History/Historique: Constructed in 1983. Serves as craft centre. Opening of permanent display planned for 1990/Construit en 1983. Utilisé comme centre d'artisanat. L'exposition permanente des collections est prévue pour 1990.

Publications: Slides; postcards/Diapositives; cartes postales

Livingstone

476
Eastern Cataract Field Museum

c/o National Monuments Commission
P.O. Box 60124, Livingstone

Tel/Tél: 32 04 81/32 15 09

Chief Officer/Responsable:
N.M. Katanekwa
Director/Directeur

Status/Statut: National museum/Musée national

Opening hours/Heures d'ouverture:
08.30-16.30

Charges/Prix d'entrée: adults: 50 n, children: 25 n/adultes : 50 n, enfants : 25 n

Collections: archaeology; geology/archéologie; géologie

History/Historique: Built in 1961 on an archaeological excavation of a stone age site. One of many such sites along the Zambezi in the Victoria Falls area/Construit en 1961 sur des fouilles archéologiques d'un site de l'âge de pierre. C'est l'un des nombreux sites établis le long du Zambèse dans la région des chutes de Victoria.

Publications: National Monuments Commission publications and reports; postcards/Publications et rapports de la commission des monuments nationaux; cartes postales

477
Livingstone Museum*

Mosi-oa-Tunya Road
P.O. Box 60498, Livingstone

Status/Statut: National museum/Musée national

478
Open-air Museum*

P.O. Box 498, Livingstone

Status/Statut: National museum/Musée national

479
Railway Museum

P.O. Box 60124, Livingstone

Tel/Tél: 03-32 18 20

Chief Officer/Responsable: Patrick L. Wamulungwe Curator/Conservateur

Status/Statut: National museum/Musée national

Opening hours/Heures d'ouverture: 08.30-16.30

Charges/Prix d'entrée: adults: 50 n, children: 25 n/adultes : 50 n, enfants : 25 n

Collections: transport, railways/transport, chemins de fer

Services: library; photographic library; conference room; projection room/bibliothèque; photothèque; salle de conférence; salle de projection

History/Historique: Established in 1976 in the former Zambezi sawmills/Créé en 1976 dans les anciennes scieries du Zambèse.

Publications: Museum guide; annual report; slides; postcards/Guide du musée; rapport annuel; diapositives; cartes postales

480
Victoria Falls Field Museum

c/o National Monuments Commission
P.O. Box 60124, Livingstone

Tel/Tél: 033-320481

Status/Statut: National museum/Musée national

Opening hours/Heures d'ouverture: 08.30-16.30

Charges/Prix d'entrée: adults: 50 n; children: 25 n/adultes: 50 n; enfants: 50 n

Collections: archaeology/archéologie

History/Historique: Site museum built around an excavation in 1938-50. Opened in 1955 and has continued to be run by the National Monuments Commission. Renovated in 1961. Extension 1986/Musée de site construit autour de fouilles datant de 1938-1950. Ouvert en 1955, sous la direction de la Commission des monuments nationaux. Restauré en 1961. Extension en 1986.

Publications: postcards/cartes postales

Lusaka

481
Memorial Museum of Zambia*

P.O. Box 3211, Lusaka

Status/Statut: National museum/Musée national

482
Military and Police Museum*

c/o Comissioner of Police
Independence Ave., Lusaka

483
National Archives*

P.O. Box 10, Ridgeway
Lusaka

484
National Political Museum of Zambia

P.O. Box 50491, Lusaka

Tel/Tél: 21 60 60

Telex/Télex: ZA 43640 UNIP

Chief Officer/Responsable:
Alfred K. Mofya
Director/Directeur

Status/Statut: National museum/Musée national

Opening hours/Heures d'ouverture:
08.00-17.00

Charges/Prix d'entrée: gratis/gratuit

Collections: history; ethnography/histoire; ethnographie

History/Historique: Established in 1971 to honour people who took an active part in the struggle for Zambia's independence/Créé en 1971 en l'honneur de ceux qui participèrent activement à la lutte pour l'indépendance de la Zambie.

485
Regimental Museum*

Lusaka

486
The Art Centre*

74 Independence Avenue
P.O. Box 1986, Lusaka

Mbala

487
Moto Moto Museum*

St. Paul's
P.O. Box 230, Mbala

Status/Statut: National museum/Musée national

Livingstone Museum. Orientation panel/Panneau de signalisation. (Photo C. Antomarchi)

Ndola

488
Copperbelt Museum*

P.O. Box 661, Ndola

Status/Statut: National museum/Musée national

Livingstone Museum. Reconstitution of traditional habitat/Reconstitution d'un habitat traditionnel. (Photo C. Antomarchi)

Livingstone Museum. Interior courtyard/cour intérieure. (C. Antomarchi)

Zimbabwe

Bulawayo

489
Bulawayo Art Gallery*

Grey Street and Selbourne Ave.
P.O. Box 1993, Bulawayo
(Western Region)

490
Khami Ruins Site Museum*

Bulawayo (Western Region)

Status/Statut: National museum/Musée national

491
Matapos National Park Site Museums*

Bulawayo (Western Region)

492
National Railways of Zimbabwe Museum

Prospect ave/1st Street Raylton
P.O. Box 596, Bulawayo

Chief Officer/Responsable: H.J. Westermann

Status/Statut: National museum/Musée national

Opening hours/Heures d'ouverture: 09.00-12.00; 14.00-16.00 except Monday, Saturday, and public holidays, open Sunday : 14.00-17.00/sauf lundi, samedi et jours fériés, ouvert dimanche : 14.00-17.00

Collections: transport; railways/transport; chemins de fer

Services: library; photographic library; sound-archives/bibliothèque; photothèque; phonothèque

History/Historique: Opened in 1972. Extension project anticipated for 1988-1992/Ouvert en 1972. Projet d'extension prévu pour 1988-1992.

Publications: "Zimbabwe National Railways" (1984); "Book of Locomotives" (1984); postcards/Guide du musée; livre des locomotives; cartes postales

493
Natural History Museum of Zimbabwe

P.O. Box 240, Bulawayo

Tel/Tél: 60 045

Chief Officer/Responsable: H.D. Jackson Director/Directeur

Status/Statut: National museum/Musée national

Opening hours/Heures d'ouverture: 09.00-17.00 except on Good Friday and Christmas day/sauf vendredi saint et 25 décembre

Charges/Prix d'entrée: adults: 50 c, children: 20 c/adultes : 50 c, enfants : 20 c

Collections: natural history; geology/histoire naturelle; géologie

Services: library; photographic library; conference room; projection room/bibliothèque; photothèque; salle de conférence; salle de projection

History/Historique: Established in 1901 as the Rhodesia museum. Nationalized in 1936 as the National museum of Southern Rhodesia. Moved into the present premises in 1964 and became the Natural History Museum of Zimbabwe, housing all the national sciences departments, in 1981. Internationally recognized research institution/Créé en 1901 sous le nom de Musée de la Rhodésie. Nationalisé en 1936, il devient alors le Musée national de la Rhodésie du Sud. Transféré dans de nouveaux locaux en 1964, il est devenu le Natural History Museum of Zimbabwe, regroupant tous les départements de sciences naturelles en 1981. Institut de recherche reconnu sur le plan international.

Publications: Numerous monographs and scientific journals/Nombreuses monographies et revues scientifiques

Fort Victoria

494
Great Zimbabwe Ruins National Monument*

Private Bag 9158
Fort Victoria (Southern Region)

Status/Statut: National museum/Musée national

Gwelo

495
Midlands Museum*

Gwelo Central Region

Status/Statut: National museum/Musée national

Gweru

496
Zimbabwe Military Museum

P.O. Box 1300, Gweru

Tel/Tél: 2816

Chief Officer/Responsable: Tarisai Tsomondo Director/Directeur

Status/Statut: National museum/Musée national

Opening hours/Heures d'ouverture: 09.00-17.00 except Christmas Day and Good Friday/sauf 25 décembre et vendredi saint

Charges/Prix d'entrée: adults: 20 c, children: 5 c/adultes : 20 c, enfants : 5 c

Collections: military/militaire

History/Historique: Opened in 1974. Extension project waiting for funds/Ouvert en 1974. Projet d'extension réalisé en fonction des fonds disponibles.

Publications: Brochure; catalogue; annual report/Brochure; catalogue; rapport annuel

---

Harare

497
MacGregor Museum*

Maufe Bldg., 4th St. and Selous Ave.
P.O. Box 8039, Causeway, Harare

498
National Archives*

Gun Hill, Borrowdale Rd.
Private Bag 7729, Causeway, Harare

Status/Statut: National museum/Musée national

499
National Gallery of Zimbabwe*

20 Kings Crescent
P.O. Box 8155, Causeway, Harare
(Northern Region)

Status/Statut: National museum/Musée national

500
Queen Victoria Museum

P.O. Box 8006, Causeway, Harare
Tel/Tél: 70 48 31

Chief Officer/Responsable: S.T. Nduku
Director/Directeur

Status/Statut: Regional museum/Musée régional

Opening hours/Heures d'ouverture: 09.00-17.00

Charges/Prix d'entrée: adults: 20 c, children: 5 c/adultes : 20 c, enfants : 5 c

Collections: archaeology; ethnography; natural history/archéologie; ethnographie; histoire naturelle

Services: library; photographic library; conference room; projection room/bibliothèque; photothèque; salle de conférence; salle de projection

History/Historique: Founded in 1901 and completed in 1903. In 1935 the museum defined its vocation as a regional museum for prehistory, ethnography and natural history. Moved to a new building in 1963/Fondé en 1901 et achevé en 1903. En 1935, le musée définit sa vocation de musée régional de préhistoire, d'ethnographie et d'histoire naturelle. Transféré dans un nouveau bâtiment en 1963.

Publications: Museum guide; periodicals; annual report/Guide du musée; périodiques; rapport annuel

Inyanga

501
Nyahokwe Ruins Site Museum*

Inyanga

Marondera

502
Children's Library Museum

The Green, Marondera

Tel/Tél: Marondera 3356
Chief Officer/Responsable: M. Leake

Status/Statut: Municipal museum/Musée municipal

Opening hours/Heures d'ouverture: 14.00-17.00 except Sunday and Monday/sauf dimanche et lundi

Charges/Prix d'entrée: gratis/gratuit

Collections: local: history; natural history/locales: histoire; histoire naturelle

History/Historique: Created in 1970/Créé en 1970.

Mutare

503
Mutare Museum

P.O. Box 920, Mutare

Tel/Tél: 63 630

Chief Officer/Responsable: J.H. Chipoka Director/Directeur

Status/Statut: National museum/Musée national

Opening hours/Heures d'ouverture: 09.00-17.00 except Good Friday and Christmas day/sauf vendredi saint et 25 décembre

Charges/Prix d'entrée: adults: 20 c, children: 5 c/adultes : 20 c, enfants : 5 c

Collections: general: history; natural history; ethnography; archaeology; geology/mixtes: histoire; histoire naturelle; ethnographie; archéologie; géologie

Services: library; projection room/bibliothèque; salle de projection

History/Historique: First permanent display dates from 1957. Collections moved into a new building in 1962. Inaugurated in 1964. In 1980, all historical collections were centralized at Mutare Museum and consolidated into the National Antiquities Collections. Community centre and lecture theatre being built and expected to be finished by 1993/Première exposition permanente réalisée en 1957. Collections transférées en 1962 dans un nouveau bâtiment inauguré en 1964. Toutes les collections historiques ont été regroupées en 1980 au musée de Mutare et font désormais partie des collections du Service des antiquités nationales. Centre culturel et salle de conférence en cours de réalisation. Fin des travaux prévue vers 1993.

Publications: Museum guide; numerous temporary exhibition catalogues; annual report; occasional papers/Guide et catalogues d'expositions temporaires; rapport annuel; documents périodiques

Natural History Museum of Zimbabwe, Bulawayo. "The Doddieburn Elephant", exhibit in the mammal gallery/Éléphant "Doddieburn" de la galerie de mammifères.

Museum index
Index des musées

Abdin Palace Museum*
  Cairo (Egypt/Egypte) 126
Aburi Botanical Garden
  Aburi (Ghana) 199
Académie des Beaux-Arts*
  Kinshasa (Zaire/Zaïre) 458
Agoria Museum*
  Benghazi (Libyan Arab Jamahiriya/Jamahiriya Arabe Libyenne) 248
Agricultural Museum*
  Cairo (Egypt/Egypte) 127
Agricultural Research Station-Department of Agriculture*
  Kawanda (Uganda/Ouganda) 450
Ahmadu Bello University CNCS NHRS Museum*
  Zaria (Nigeria) 350
Al-Gawhara Palace Museum
  Cairo (Egypt/Egypte) 128
Al-Montezah Palace Museum*
  Alexandria (Egypt/Egypte) 115
Anatomy and Pathology Museum*
  Alexandria (Egypt/Egypte) 116
Anderson Museum*
  Cairo (Egypt/Egypte) 129
Antiquarium de Bulla Regia
  Bulla Regia (Tunisia/Tunisie) 396
Antiquarium de la basilique de Dermech
  Carthage (Tunisia/Tunisie) 397
Antiquarium des ports puniques
  Carthage (Tunisia/Tunisie) 398

Antiquarium du quartier punique
  Carthage (Tunisia/Tunisie) 399
Aquarium*
  Alexandria (Egypt/Egypte) 117
Aquarium*
  Bou Ismail (Algeria/Algérie) 016
Aquarium*
  Cairo (Egypt/Egypte) 130
Aquarium*
  Suez (Egypt/Egypte) 178
Aquarium de Casablanca/Institut des pêches maritimes du Maroc*
  Casablanca (Morocco/Maroc) 273
Arboretum de Ruhande
  Butare (Rwanda) 351
Archaeological Museum*
  Addis Ababa (Ethiopia/Ethiopie) 187
Arts Association Gallery*
  Windhoek (Namibia/Namibie) 314
Asele Institute*
  Nimo (Nigeria) 341
Asmara Museum
  Asmara (Ethiopia/Ethiopie) 189
Biology Museum*
  Monrovia (Liberia) 241
Botanic Gardens*
  Entebbe (Uganda/Ouganda) 438
Botanical Garden*
  Ibadan (Nigeria) 326
Boulac Car Museum*
  Cairo (Egypt/Egypte) 131
Bulawayo Art Gallery*
  Bulawayo (Zimbabwe) 489
Cases-musée de Bonoua
  Bonoua (Côte d'Ivoire) 110
Castle Museum*
  Gonder (Ethiopia/Ethiopie) 193
Catholic Church Private Museum
  Bagamoyo (Tanzania/Tanzanie) 384
Centre d'art vivant de la ville de Tunis - Musée d'art moderne
  Tunis (Tunisia/Tunisie) 426
Centre de documentation arabe*
  Tombouctou (Mali) 267

Cheop's Boats Museum/Musée des bateaux de Chéops*
  Giza (Egypt/Egypte) 165
Children's Library Museum
  Marondera (Zimbabwe) 502
City Museum*
  Awasa (Ethiopia/Ethiopie) 190
City Museum*
  Makale (Ethiopia/Ethiopie) 195
City Museum*
  Sodo (Ethiopia/Ethiopie) 196
City Museum and Library*
  Harar (Ethiopia/Ethiopie) 194
Copperbelt Museum*
  Ndola (Zambia/Zambie) 488
Cuttington College Museum*
  Suacoco (Liberia) 245
Dair as Suriân Museum (Coptic Museum)*
  Wadi al-Natrum (Egypt/Egypte) 181
Darfur Provincial Museum*
  El Fasher (Sudan/Soudan) 368
Department of Archaeology Museum*
  Nsukka (Nigeria) 343
Departmental Museum*
  Jos (Nigeria) 334
Depósito Central de Etnografia e das Artes Plásticas
  Luanda (Angola) 043
Eastern Cataract Field Museum
  Livingstone (Zambia/Zambie) 476
Education Museum*
  Cairo (Egypt/Egypte) 134
Egyptian Museum
  Cairo (Egypt/Egypte) 135
El Alamein Military Museum*
  El Alamein (Egypt/Egypte) 161
El Ghardaga Aquarium*
  El Ghardaga (Egypt/Egypte) 162
Entomological Museum*
  Cairo (Egypt/Egypte) 136
Ethnography Museum*
  Legon (Ghana) 210
Folk Museum*
  Mbarara (Uganda/Ouganda) 452

Museum Index/Index des musées

Forest Department Utilisation Division and Museum*
  Kampala (Uganda/Ouganda) 443
Forestry Department Library and Herbarium*
  Entebbe (Uganda/Ouganda) 439
Fort Jesus Museum*
  Mombasa (Kenya) 232
Fort Namutoni*
  Tsumeb (Namibia/Namibie) 311
Foyer culturel de Dschang*
  Dschang (Cameroon/Cameroun) 076
Game and Fisheries Department Museum Aquarium and Library*
  Entebbe (Uganda/Ouganda) 440
Gedi Ruins Museum*
  Malindi (Kenya) 230
Geological Collections*
  Legon (Ghana) 211
Geological Museum*
  Cairo (Egypt/Egypte) 137
Geological Museum*
  Ibadan (Nigeria) 327
Geological Survey Museum*
  Dodoma (Tanzania/Tanzanie) 388
Germa Archaeological Museum*
  Sebha (Libyan Arab Jamahiriya/Jamahiriya Arabe Libyenne) 251
Ghana Armed Forces Museum
  Kumasi (Ghana) 207
Ghana Herbarium
  Legon (Ghana) 212
Ghana National Cultural Centre Zoological Gardens*
  Kumasi (Ghana) 208
Ghana National Museum*
  Accra (Ghana) 200
Graphic Health Museum*
  Khartoum (Sudan/Soudan) 370
Great Zimbabwe Ruins National Monument*
  Fort Victoria (Zimbabwe) 494
Helwân Palace Museum*
  Helwân (Egypt/Egypte) 169

Herbarium*
  Nairobi (Kenya) 233
Heroes Centre*
  Debre-Zeyt (Ethiopia/Ethiopie) 192
Hydrobiological Museum*
  Alexandria (Egypt/Egypte) 118
Hyrax Hill Site Museum*
  Hyrax Hill (Kenya) 226
Hystory of Medicine and Pharmacy Museum*
  Cairo (Egypt/Egypte) 138
Ife Museum
  Ife (Nigeria) 331
Institute of African Studies Museum
  Nsukka (Nigeria) 344
Irrigation Museum*
  Cairo (Egypt/Egypte) 139
Ismailia Museum*
  Ismailia (Egypt/Egypte) 170
Jardin botanique*
  Limbé (Cameroon/Cameroun) 081
Jardin d'Essai*
  Alger (Algeria/Algérie) 001
Jardin zoologique*
  Limbé (Cameroon/Cameroun) 082
Jardin zoologique*
  Meknès (Morocco/Maroc) 279
Jardin zoologique*
  Rabat (Morocco/Maroc) 282
Jardin zoologique et botanique Institut de recherche scientifique de Madagascar*
  Antananarivo (Madagascar) 254
Jardins exotiques et d'acclimatation*
  Sale (Morocco/Maroc) 287
Kabale Regional Museum
  Kabale (Uganda/Ouganda) 442
Kalaa des Beni Hammad (Musée de plein air)*
Kalaa des Beni Hammad (Algeria/Algérie) 025
Kanta Museum*
  Argungu (Nigeria) 319
Kanye Museum/Kgosi Bathaen II Museum*

Kanye (Botswana) 063
Kariandusi Prehistoric Site Museum*; Kariandusi (Kenya) 227
Khalifa House Museum*
  Khartoum (Sudan/Soudan) 371
Khami Ruins Site Museum*
  Bulawayo (Zimbabwe) 490
Kibo Art Gallery*
  Marangu (Tanzania/Tanzanie) 389
Kijiji cha Makumbusho (Village Museum)
  Dar Es Salaam (Tanzania/Tanzanie) 386
Lake Malawi Museum
  Mangochi (Malawi) 263
Lake Manyara National Park
  Mio Wa Mbu (Tanzania/Tanzanie) 391
Lamu Museum
  Lamu (Kenya) 229
Lesotho National Museum*
  Maseru (Lesotho) 238
Livingstone Museum*
  Livingstone (Zambia/Zambie) 477
Luderitz Museum*
  Luederitz (Namibia/Namibie) 307
Luxor Museum*
  Luxor (Egypt/Egypte) 171
MacGregor Museum*
  Harare (Zimbabwe) 497
Makerere University Art Gallery
  Kampala (Uganda/Ouganda) 444
Makerere University Zoological Museum
  Kampala (Uganda/Ouganda) 445
Manial Palace Museum
  Cairo (Egypt/Egypte) 140
Matapos National Park Site Museums*
  Bulawayo (Zimbabwe) 491
Mathaf al Ethnografia*
  Khartoum (Sudan/Soudan) 372
Mathaf al Geologia/Geological Survey Museum*
  Khartoum (Sudan/Soudan) 373

Mathaf al Sudan/Sudan National
   Museum*
   Khartoum (Sudan/Soudan) 374
Mathaf al Tarikh al Tabia/Natural
   History Museum*
   Khartoum (Sudan/Soudan) 375
Mathaf Aswân*
   Aswân (Egypt/Egypte) 125
Mathaf Beit al Khalifa*
   Omdurman (Sudan/Soudan) 379
Mathaf Meroe*
   Khartoum (Sudan/Soudan) 376
Mathaf Wadi-Halfa*
   Wadi-Halfa (Sudan/Soudan) 380
Mauritius Institute
   Port-Louis (Mauritius/Maurice)
   270
Medical School Museum*
   Kampala (Uganda/Ouganda) 446
Memorial Museum of Zambia*
   Lusaka (Zambia/Zambie) 481
Meru Museum*
   Meru (Kenya) 231
Midlands Museum*
   Gwelo (Zimbabwe) 495
Mikumi National Park
   Mikumi (Tanzania/Tanzanie) 390
Military Museum*
   Cairo (Egypt/Egypte) 141
Military and Police Museum*
   Lusaka (Zambia/Zambie) 482
Minia Museum*
   Mallawy (Egypt/Egypte) 172
Miyusiyamka Ummadda/National
   Museum*
   Mogadishu (Somalia/Somalie) 367
Mokhtar Museum*
   Cairo (Egypt/Egypte) 143
Moto Moto Museum*
   Mbala (Zambia/Zambie) 487
Municipal Museum*
   Alexandria (Egypt/Egypte) 119
Musée*
   Matadi (Zaire/Zaïre) 469
Musée Alioune Diop*
   Yaoundé (Cameroon/Cameroun)
   086

Musée annexe*
   N'Zerékoré (Guinea/Guinée) 222
Musée antiquarium des sites de
   Tipasa
   Tipasa (Algeria/Algérie) 034
Musée archéologique*
   El Kantara (Algeria/Algérie) 021
Musée archéologique
   Larache (Morocco/Maroc) 277
Musée archéologique*
   Tetouan (Morocco/Maroc) 290
Musée archéologique d'El Jem
   El Jem (Tunisia/Tunisie) 405
Musée archéologique de Rabat*
   Rabat (Morocco/Maroc) 283
Musée archéologique de Sfax
   Sfax (Tunisia/Tunisie) 421
Musée archéologique de Sousse
   Sousse (Tunisia/Tunisie) 423
Musée Bamilike*
   Dschang (Cameroon/Cameroun)
   077
Musée Barthélémy Boganda
   Bangui (Central African
   Republic/République
   Centrafricaine) 090
Musée botanique*
   Conakry (Guinea/Guinée) 217
Musée botanique de Boukoko*
   Mbaiki (Central African
   Republic/République
   Centrafricaine) 094
Musée central de l'armée
   Alger (Algeria/Algérie) 002
Musée d'Abéché
   Abéché (Chad/Tchad) 096
Musée d'Armes*
   Fès (Morocco/Maroc) 275
Musée d'art africain*
   Dakar (Senegal/Sénégal) 356
Musée d'art et d'archéologie de
   l'Université d'Antananarivo
   Antananarivo (Madagascar) 225
Musée d'art et de traditions
   populaires
   Sfax (Tunisia/Tunisie) 422
Musée d'art islamique*

Tunis (Tunisia/Tunisie) 427
Musée d'art moderne de Perroni*
   Perroni (Central African
   Republic/République
   Centrafricaine) 095
Musée d'art populaire marocain*
   Tetouan (Morocco/Maroc) 291
Musée d'El Oued et du Souf
   El Oued (Algeria/Algérie) 022
Musée d'Enfida*
   Enfidaville (Tunisia/Tunisie) 407
Musée d'ethnographie et de
   préhistoire du Bardo*
   (Algeria/Algérie) 003
Musée d'Hippone*
   Alger (Algeria/Algérie) 012
Musée d'histoire de Ouidah
   Ouidah (Benin/Bénin) 058
Musée d'histoire et d'ethnographie
   Aného (Togo) 393
Musée d'Utique
   Utique (Tunisia/Tunisie) 437
Musée Dar Ayed
   Ksar Hellal (Tunisia/Tunisie) 411
Musée Dar Jamaï
   Meknès (Morocco/Maroc) 280
Musée de Bamenda*
   Bamenda (Cameroon/Cameroun)
   073
Musée de Bedjaïa*
   Bedjaïa (Algeria/Algérie) 013
Musée de Buea*
   Buea (Cameroon/Cameroun) 074
Musée de Carthage
   Carthage (Tunisia/Tunisie) 400
Musée de Cherchell*
   Cherchell (Algeria/Algérie) 018
Musée de Dar Si Saïd
   Marrakech (Morocco/Maroc) 278
Musée de Diamare*
   Maroua (Cameroon/Cameroun)
   083
Musée de Djemila*
   Djemila (Algeria/Algérie) 020
Musée de Douala*
   Douala (Cameroon/Cameroun)
   075

Museum Index/Index des musées

Musée de géologie*
  Kinshasa (Zaire/Zaïre) 459
Musée de géologie*
  Likasi (Zaire/Zaïre) 466
Musée de Kabgayi
  Gitarama (Rwanda) 353
Musée de Kairouan*
  Kairouan (Tunisia/Tunisie) 409
Musée de Kousseri/Musée du Centre IFAN*
  Kousseri (Cameroon/Cameroun) 080
Musée de l'Institut scientifique cheriffien*
  Rabat (Morocco/Maroc) 284
Musée de la Cuvette*
  Dwando (Congo) 102
Musée de la Kasbah*
  Tanger (Morocco/Maroc) 288
Musée de la mer*
  Gorée (Senegal/Sénégal) 359
Musée de la monnaie*
  Tunis (Tunisia/Tunisie) 428
Musée de la vie indigène*
  Kisangani (Zaire/Zaïre) 464
Musée de Maboké*
  Maboké (Central African Republic/République Centrafricaine) 093
Musée de Mactar*
  Mactar (Tunisia/Tunisie) 413
Musée de Mahdia*
  Mahdia (Tunisia/Tunisie) 414
Musée de Maroua*
  Maroua (Cameroon/Cameroun) 084
Musée de Mayombe*
  Kangu (Kinshasa) (Zaire/Zaïre) 456
Musée de Moknine
  Moknine (Tunisia/Tunisie) 416
Musée de Mokolo*
  Mokolo (Cameroon/Cameroun) 085
Musée de paléontologie et d'histoire naturelle
  Antananarivo (Madagascar) 256

Musée de plein air*
  Cherchell (Algeria/Algérie) 017
Musée de plein-air d'ethnographie et de sciences naturelles*
  Parakou (Benin/Bénin) 059
Musée de Pobé-Mengao
  Pobé (Burkina) 070
Musée de Saint-Louis du Sénégal*
  Saint-Louis (Senegal/Sénégal) 361
Musée de Salacta
  Salacta (Tunisia/Tunisie) 419
Musée de Sétif*
  Sétif (Algeria/Algérie) 028
Musée de Stanley*
  Vivi (Zaire/Zaïre) 474
Musée de Tabarka
  Tabarka (Tunisia/Tunisie) 424
Musée de Timgad*
  Timgad (Algeria/Algérie) 033
Musée de Tizi-Ouzou*
  Tizi-Ouzou (Algeria/Algérie) 035
Musée de Tlemcen*
  Tlemcen (Algeria/Algérie) 036
Musée de Zaranou
  Abengourou (Côte d'Ivoire) 105
Musée des antiquités*
  Rabat (Morocco/Maroc) 285
Musée des antiquités*
  Volubilis (Morocco/Maroc) 293
Musée des arts et traditions Bamoun*
  Foumban (Cameroon/Cameroun) 078
Musée des arts et traditions populaires
  Djerba (Tunisia/Tunisie) 404
Musée des arts et traditions populaires
  Gabès (Tunisia/Tunisie) 408
Musée des arts et traditions populaires du Kef
  El Kef (Tunisia/Tunisie) 406
Musée des civilisations du sud-ouest
  Gaoua (Burkina) 066
Musée des Oudâia*

Rabat (Morocco/Maroc) 286
Musée des sciences de la terre*
  Brazzaville (Congo) 098
Musée Don Bosco
  Duékoué (Côte d'Ivoire) 111
Musée du 9 avril 1938
  Tunis (Tunisia/Tunisie) 429
Musée du Batha*
  Fès (Morocco/Maroc) 276
Musée du Cap Bon
  Nabeul (Tunisia/Tunisie) 418
Musée du CNRO
  Nosy Be (Madagascar) 260
Musée du Conservatoire*
  Tunis (Tunisia/Tunisie) 430
Musée du Grand-Bassam*
  Grand-Bassam (Côte d'Ivoire) 112
Musée du mouvement national*
  Tunis (Tunisia/Tunisie) 436
Musée du Palais de la Reine
  Antananarivo (Madagascar) 257
Musée du Palais royal du Sultan Bamoun*
  Foumban (Cameroon/Cameroun) 079
Musée du patrimoine traditionnel de Tunis
  Tunis (Tunisia/Tunisie) 431
Musée du prophète Djouman Mihin
  Vavoua (Côte d'Ivoire) 114
Musée du Ribat de Monastir
  Monastir (Tunisia/Tunisie) 417
Musée du roi de Kuba*
  Mushenge (Zaire/Zaïre) 471
Musée du Sahel
  Gao (Mali) 266
Musée du Temple de Minerve*
  Tebessa (Algeria/Algérie) 032
Musée du Théâtre de Guelma*
  Guelma (Algeria/Algérie) 024
Musée dynamique
  Dakar (Senegal/Sénégal) 357
Musée et aquarium de Salammbo
  Salammbo (Tunisia/Tunisie) 420
Musée et site archéologique*
  Tazoult (Algeria/Algérie) 031

Museum Index/Index des musées

Musée ethnographique*
  Lwiro (Zaire/Zaïre) 468
Musée ethnographique
  N'Zerékoré (Guinea/Guinée) 223
Musée ethnographique
  Porto-Novo (Benin/Bénin) 060
Musée ethnographique de Tetouan
  Tetouan (Morocco/Maroc) 292
Musée ethnographique régional*
  Bouar (Central African
    Republic/République
    Centrafricaine) 092
Musée ethnologique provincial*
  Kingoy (Zaire/Zaïre) 457
Musée ethnologique provincial*
  Kirkwit (Zaire/Zaïre) 463
Musée ethnologique provincial*
  Mweka (Zaire/Zaïre) 472
Musée ethnologique provincial*
  Tshikappa (Zaire/Zaïre) 473
Musée folklorique de Ghardaia*
  Ghardaia (Algeria/Algérie) 023
Musée folklorique
  archéologique
  paléontologique et faunistique*
  Antananarivo (Madagascar) 258
Musée géologique*
  Conakry (Guinea/Guinée) 218
Musée géologique*
  Ruhengeri (Rwanda) 354
Musée géologique africain*
  Dakar (Senegal/Sénégal) 358
Musée historique
  Abomey (Benin/Bénin) 057
Musée historique d'Afrique
  occidentale*
  Gorée (Senegal/Sénégal) 360
Musée Honmè
  Porto-Novo (Benin/Bénin) 061
Musée Labasso*
  Bangassou (Central African
    Republic/République
    Centrafricaine) 089
Musée lapidaire Sidi Bou*
  Khrisane (Tunisia/Tunisie) 410
Musée local*
  Matmata (Tunisia/Tunisie) 415

Musée Marien Ngouabi
  Brazzaville (Congo) 099
Musée Micheaux Bellaire/Musée
  des antiquités*
  Tanger (Morocco/Maroc) 289
Musée minéralogique*
  Kolwesi (Zaire/Zaïre) 465
Musée municipal*
  Skidda (Algeria/Algérie) 029
Musée national
  Niamey (Niger) 315
Musée national*
  Yaoundé (Cameroon/Cameroun)
    087
Musée national Cirta
  Constantine (Algeria/Algérie) 019
Musée national d'Abidjan
  Abidjan (Côte d'Ivoire) 107
Musée national de Brazzaville
  Brazzaville (Congo) 100
Musée national de géologie
  Antananarivo (Madagascar) 259
Musée national de Gitega
  Gitega (Burundi) 072
Musée national de Kananga*
  Kananga (Zaire/Zaïre) 455
Musée national de la vie
  congolaise*
  Kinshasa (Zaire/Zaïre) 460
Musée national de Lubumbashi*
  Lubumbashi (Zaire/Zaïre) 467
Musée national de Mbandaka*
  Mbandaka (Zaire/Zaïre) 470
Musée national de Nouakchott
  Nouakchott
    (Mauritania/Mauritanie) 268
Musée national de Ouagadougou
  Ouagadougou (Burkina) 067
Musée national de plein air*
  Lomé (Togo) 394
Musée national de Sandervalia
  Conakry (Guinea/Guinée) 219
Musée national des antiquités
  Alger (Algeria/Algérie) 004
Musée national des arts et traditions
  Libreville (Gabon) 197

Musée national des arts et traditions
  populaires
  Alger (Algeria/Algérie) 005
Musée national des beaux-arts
  Alger (Algeria/Algérie) 006
Musée national des PTT*
  Tunis (Tunisia/Tunisie) 432
Musée national des sites et
  monuments
  Lomé (Togo) 395
Musée national du Bardo
  Le Bardo (Tunisia/Tunisie) 412
Musée national du Burkina
  Ouagadougou (Burkina) 068
Musée national du costume
  Grand Bassam (Côte d'Ivoire) 113
Musée national du Djihad
  Alger (Algeria/Algérie) 007
Musée national du Mali
  Bamako (Mali) 265
Musée national du Rwanda
  Butare (Rwanda) 352
Musée national tchadien
  N'Djamena (Chad/Tchad) 097
Musée national Zabana
  Oran (Algeria/Algérie) 026
Musée Place du Leader
  Tunis (Tunisia/Tunisie) 433
Musée pour Enfants*
  Alger (Algeria/Algérie) 008
Musée préfectoral
  Koundara (Guinea/Guinée) 221
Musée préfectoral de Boké
  Boké (Guinea/Guinée) 216
Musée préhistorique et géologique*
  Bukavu (Zaire/Zaïre) 454
Musée provincial de Bobo
  Ouagadougou (Burkina) 069
Musée régional*
  Kissidougou (Guinea/Guinée) 220
Musée régional*
  Oujda (Morocco/Maroc) 281
Musée régional*
  Toliera (Tuléar) (Madagascar) 261
Musée régional André Grenard
  Matsoua
  Kinkala-Pool (Congo) 103

Musée régional Bieth d'Abengourou
 Abengourou (Côte d'Ivoire) 106
Musée régional Charles Combes
 Bingerville (Côte d'Ivoire) 108
Musée régional de Beyla*
 Beyla (Guinea/Guinée) 215
Musée régional de Bondoukou
 Bondoukou (Côte d'Ivoire) 109
Musée régional "Ma-Loango"
 Diosso
 Pointe-Noire (Congo) 104
Musée régional de Zinder
 Zinder (Niger) 316
Musée saharien*
 Ouargla (Algeria/Algérie) 027
Musée Saint-Augustin*
 Souk-Ahras (Algeria/Algérie) 030
Musée scolaire*
 Kinshasa (Zaire/Zaïre) 461
Musée Sidi Mohamed Ben Abdellah
 Essaouira (Morocco/Maroc) 274
Musée Teboursouk
 Teboursouk (Tunisia/Tunisie) 425
Musée vivant de Bujumbura
 Bujumbura (Burundi) 071
Musée zoologique*
 Bangui (Central African
  Republic/République
  Centrafricaine) 091
Musées universitaire-Centre de
 recherches interfacultaires
 Kinshasa (Zaire/Zaïre) 462
Museu arqueologico*
 Manhiqueni (Mozambique) 297
Museu Central das Forças Armadas
 Luanda (Angola) 044
Museu da Escravatura
 Luanda (Angola) 045
Museu da Guiné*
 Bissau (Guinea/Guinée) 224
Museu da Pesca*
 Mocamedes (Angola) 054
Museu de Geologia
 Mineralogia e Paleontologia
 Luanda (Angola) 046
Museu de Historia Natural
 Maputo (Mozambique) 300

Museu do Café*
 Luanda (Angola) 047
Museu do Pioneiro*
 Malange (Angola) 053
Museu e Estação de Biologia
 Maritima da Ilha da Inhaca*
 Ilha da Inhaca (Mozambique) 295
Museu Etnográfico do Lobito
 Lobito (Angola) 042
Museu etnográfico nacional
 Bissau (Guinea-Bissau/Guinée-
 Bissau) 225
Museu Geológico do IICA*
 Luanda (Angola) 048
Museu Histórico Militar*
 Maputo (Mozambique) 301
Museu Mostruario de Manica*
 Manica (Mozambique) 298
Museu Municipal*
 Beira (Mozambique) 294
Museu Nacional de Antropologia
 Luanda (Angola) 049
Museu Nacional de Arqueologia
 Benguela (Angola) 037
Museu Nacional de Historia Natural
 Luanda (Angola) 050
Museu nacional de Sao Tomé e
 Principe
 São Tomé (São Tome and
 Principe/São Tomé-et-Principe)
 355
Museu Regional de Cabinda
 Cabinda (Angola) 038
Museu Regional de Dundo
 Dundo (Angola) 039
Museu Regional de Huíla
 Lubango (Angola) 052
Museu Regional do Huambo
 Huambo (Angola) 040
Museu Regional do Planalto
 Huambo (Angola) 041
Museu Regional do Reino do
 Koongo
 Luanda (Angola) 051
Museu Regional do Uige
 Uige (Angola) 056
Museu Rural do Sogo*

Pangala (Angola) 055
Museum and Library of the
 Monastery of Saint Catherine*
 Saint Catherine (Egypt/Egypte)
 176
Museum of Apollonia*
 Apollonia (Libyan Arab
  Jamahiriya/Jamahiriya Arabe
  Libyenne) 247
Museum of Arab Culture*
 Cairo (Egypt/Egypte) 144
Museum of Criminology*
 Cairo (Egypt/Egypte) 145
Museum of Cyrene*
 Cyrene (Libyan Arab
  Jamahiriya/Jamahiriya Arabe
  Libyenne) 249
Museum of Egyptian Civilisation*
 Cairo (Egypt/Egypte) 146
Museum of Fine Arts and Cultural
 Centre*
 Alexandria (Egypt/Egypte) 120
Museum of Geography and
 Ethnography*
 Cairo (Egypt/Egypte) 147
Museum of Greek and Roman
 Antiquities*
 Alexandria (Egypt/Egypte) 121
Museum of Hygiene*
 Cairo (Egypt/Egypte) 148
Museum of Islamic Art
 Cairo (Egypt/Egypte) 149
Museum of Lesotho*
 Morija (Lesotho) 239
Museum of Malawi Culture
 Chiriri (Malawi) 262
Museum of Modern Art*
 Cairo (Egypt/Egypte) 150
Museum of Mohamed Mahmoud
 Khalil and his wife*
 Cairo (Egypt/Egypte) 151
Museum of Natural History
 University of Ife
 Ife (Nigeria) 332
Museum of Railways and
 Telecommunications*
 Cairo (Egypt/Egypte) 152

Museum Index/Index des musées

Museum of Science and Technology
  Accra (Ghana) 202
Museum of the Department of
  Archaeology*
  Legon (Ghana) 213
Museum of the Department of
  Geological Surveys*
  Accra (Ghana) 201
Museum of the Faculty of Fine
  Arts*
  Alexandria (Egypt/Egypte) 122
Museum of the Geological Survey
  and Mines*
  Entebbe (Uganda/Ouganda) 441
Museum of the Holy Trinity Church
  of Ethiopia*
  Addis Ababa (Ethiopia/Ethiopie)
  182
Museum of the Institute of African
  Studies*
  Oshogbo (Nigeria) 346
Museum of the Institute of
  Ethiopian Studies*
  Addis Ababa (Ethiopia/Ethiopie)
  183
Museum of the Nigerian Geological
  Survey Department*
  Kaduna (Nigeria) 336
Museum of the Revolution*
  Cairo (Egypt/Egypte) 154
Museum of the Suez Canal*
  Suez (Egypt/Egypte) 179
Museum Swakopmund*
  Swakopmund (Namibia/Namibie)
  310
Museum Tsumeb*
  Tsumeb (Namibia/Namibie) 312
Museus da Ilha de Moçambique*
  Ilha de Moçambique
  (Mozambique) 296
Mustafa Kamel Museum*
  Cairo (Egypt/Egypte) 155
Mutare Museum
  Mutare (Zimbabwe) 503
Mzuzu Museum
  Mzuzu (Malawi) 264
Nagi Museum*

Giza (Egypt/Egypte) 166
National Archives*
  Harare (Zimbabwe) 498
National Archives*
  Lusaka (Zambia/Zambie) 483
National Botanical Garden*
  Khartoum (Sudan/Soudan) 377
National Gallery of Zimbabwe*
  Harare (Zimbabwe) 499
National Herbarium*
  Njala (Sierra Leone) 365
National Museum
  Lagos (Nigeria) 340
National Museum*
  Tripoli (Libyan Arab
  Jamahiriya/Jamahiriya Arabe
  Libyenne) 252
National Museum
  Axum Branch*
  Axum (Ethiopia/Ethiopie) 191
National Museum Benin
  Benin City (Nigeria) 322
National Museum Enugu
  Enugu (Nigeria) 324
National Museum Esie
  Esie (Nigeria) 325
National Museum Ibadan
  Ibadan (Nigeria) 328
National Museum
  Monuments & Art Gallery
  Gaborone (Botswana) 062
National Museum of Colonial
  History
  Aba (Nigeria) 317
National Museum of Ethiopia*
  Addis Ababa (Ethiopia/Ethiopie)
  184
National Museum of Jos
  Jos (Nigeria) 335
National Museum of Kaduna
  Kaduna (Nigeria) 337
National Museum of Kano
  Kano (Nigeria) 338
National Museum of Kenya*
  Nairobi (Kenya) 234
National Museum of Liberia
  Monrovia (Liberia) 242

National Museum of Owo
  Owo (Nigeria) 347
National Museum of Tanzania
  Dar Es Salaam
  (Tanzania/Tanzanie) 387
National Museum of Unity
  Akure
  (Nigeria) 318
National Museum of Western
  Kenya*
  Kitale (Kenya) 228
National Museum Oron
  Oron (Nigeria) 345
National Museum Port Harcourt
  Port Harcourt (Nigeria) 348
National Museum Umuahia
  Umuahia (Nigeria) 349
National Political Museum of
  Zambia
  Lusaka (Zambia/Zambie) 484
National Railways of Zimbabwe
  Museum
  Bulawayo (Zimbabwe) 492
National Rosetta Museum
  Rashid (Egypt/Egypte) 174
National Royal Jewelry Museum
  Alexandria (Egypt/Egypte) 123
Natural History Museum*
  Addis-Ababa (Ethiopia/Ethiopie)
  188
Natural History Museum*
  Tripoli (Libyan Arab
  Jamahiriya/Jamahiriya Arabe
  Libyenne) 253
Natural History Museum of
  Zimbabwe
  Bulawayo (Zimbabwe) 493
Naval and Historical Museum
  Mahebourg (Mauritius/Maurice)
  269
Nayuma Museum
  Limulunga (Zambia/Zambie) 475
New Stanley Art Gallery*
  Nairobi (Kenya) 235
Ngurdoto Gate
  Arusha (Tanzania/Tanzanie) 382
Nigerian Army Museum Service*

Ilupeju-Lagos (Nigeria) 333
Nommo Art Gallery*
  Kampala (Uganda/Ouganda) 447
Nyahokwe Ruins Site Museum*
  Inyanga (Zimbabwe) 501
Odinani Museum
  Nri (Nigeria) 342
Okaukuejo Museum*
  Okaukuejo (Namibia/Namibie) 309
Old Residency Museum
  Calabar (Nigeria) 323
Olorgesailie Prehistoric Site Museum*
  Nairobi (Kenya) 236
Open-air Museum*
  Livingstone (Zambia/Zambie) 477
Orman Botanic Garden*
  Giza (Egypt/Egypte) 167
Parc archéologique des thermes d'Antonin
  Carthage (Tunisia/Tunisie) 401
Parc botanique et zoologique*
  Beni-Abbes (Algeria/Algérie) 014
Parc botanique et zoologique*
  Beni Saf (Algeria/Algérie) 015
Parc des villas romaines de l'Odéon*
  Carthage (Tunisia/Tunisie) 402
Parc national du Tassili*
  Alger (Algeria/Algérie) 009
Parc zoologique*
  Alger (Algeria/Algérie) 010
Parc zoologique de Brazzaville
  Brazzaville (Congo) 101
Parc zoologique de la ville de Tunis
  Tunis (Tunisia/Tunisie) 434
Petit musée d'art camerounais
  Yaoundé (Cameroon/Cameroun) 088
Pharaonic Museum*
  Cairo (Egypt/Egypte) 157
Phuthadikobo Museum*
  Mochudi (Botswana) 065
Police Museum*
  Accra (Ghana) 203
Port Said Military Museum*

Port Said (Egypt/Egypte) 173
Postal Museum*
  Cairo (Egypt/Egypte) 158
Postal Museum*
  Lobatse (Botswana) 064
Prempeh II Jubilee Museum*
  Kumasi (Ghana) 209
Pyramids Rest House Museum*
  Giza (Egypt/Egypte) 164
Queen Elizabeth Natural Park Museum*
  Lake Katwe (Uganda/Ouganda) 451
Queen Victoria Museum
  Harare (Zimbabwe) 500
Railway Museum
  Livingstone (Zambia/Zambie) 479
Rashid Military Museum*
  Rashid (Egypt/Egypte) 175
Regimental Museum*
  Lusaka (Zambia/Zambie) 485
Regional Museum of Northern Province of Somalia*
  Hargeysa (Somalia/Somalie) 366
Robert Edward Hart Memorial Museum
  Souillac (Mauritius/Maurice) 272
Sabrata Archaeological Museum*
  Sabrata (Libyan Arab Jamahiriya/Jamahiriya Arabe Libyenne) 250
Sahara Museum*
  Heliopolis (Egypt/Egypte) 168
School Museum
  Bauchi (Nigeria) 320
School Museum*
  Katsina (Nigeria) 339
Scientific Research Museum*
  Cairo (Egypt/Egypte) 159
Section de Conservation des Espèces Minérales (SCEM)*
  Alger (Algeria/Algérie) 011
Serpentarium*
  Nairobi (Kenya) 237
Seychelles National Museum
  Victoria (Seychelles) 362

Sheikan Museum*
  El Obeid (Sudan/Soudan) 369
Sidi Bou Khrissan
  Tunis (Tunisia/Tunisie) 435
Sierra Leone National Museum*
  Freetown (Sierra Leone) 364
Sirs-al-Layyan Museum (Rural Museum)*
  Sirs-al-Layyan (Egypt/Egypte) 177
SPUP/SPPF Historical Museum
  Victoria (Seychelles) 363
Sukuma Museum
  Bujora (Tanzania/Tanzanie) 385
Swaziland National Museum
  Lobamba (Swaziland) 381
Tanta Antiquities Museum
  Tanta (Egypt/Egypte) 180
Teso Museum*
  Kampala (Uganda/Ouganda) 448
The Art Centre*
  Lusaka (Zambia/Zambie) 486
The Arusha Declaration Museum
  Arusha (Tanzania/Tanzanie) 383
The Coptic Museum
  Cairo (Egypt/Egypte) 132
The Cotton Museum*
  Cairo (Egypt/Egypte) 133
The Gambia National Museum*
  Banjul (Gambia/Gambie) 198
The Mauritius Herbarium (MSIRI)
  Reduit (Mauritius/Maurice) 271
The Omma Museum*
  Cairo (Egypt/Egypte) 156
Tophet de Salammbo
  Carthage (Tunisia/Tunisie) 403
Transport Museum*
  Cairo (Egypt/Egypte) 160
Tubman Centre for African Culture*
  Robertsport (Liberia) 244
Uganda Museum*
  Kampala (Uganda/Ouganda) 449
Uganda Police Museum*
  Naguru (Uganda/Ouganda) 453
University of Cape Coast Museum*
  Cape Coast (Ghana) 204
University of Ibadan Museum

Ibadan (Nigeria) 329
University of Ibadan Zoo*
  Ibadan (Nigeria) 330
Victoria Falls Field Museum
  Livingstone (Zambia/Zambie) 480
Volta Regional Museum
  Ho (Ghana) 206
War Museum*
  Addis Ababa (Ethiopia/Ethiopie)
    185
West African Historical Museum
  Cape Coast (Ghana) 205
William V.S. Tubman High School
    Museum*
  Monrovia (Liberia) 243
William V.S. Tubman Museum*
  Totota (Liberia) 246
William V.S.Tubman Library and
    Museum*
  Harper (Liberia) 240
Zanzibar National Museum
  Zanzibar (Tanzania/Tanzanie) 392
Zimbabwe Military Museum
  Gweru (Zimbabwe) 496
Zoological Garden*
  Addis Ababa (Ethiopia/Ethiopie)
    186
Zoological Garden*
  Alexandria (Egypt/Egypte) 124
Zoological Garden*
  Giza (Egypt/Egypte) 163
Zoological Garden*
  Khartoum (Sudan/Soudan) 378
Zoology Museum
  Legon (Ghana) 214
Zoopark Okahandja*
  Okahandja (Namibia/Namibie)
    308

Place index
Index par ville

Aba (Nigeria)
  National Museum of Colonial History 317
Abéché (Chad/Tchad)
  Musée d'Abéché 096
Abengourou (Côte d'Ivoire)
  Musée de Zaranou 105
  Musée régional Bieth d'Abengourou 106
Abidjan (Côte d'Ivoire)
  Musée national d'Abidjan 107
Abomey (Benin/Bénin)
  Musée historique 057
Aburi (Ghana)
  Aburi Botanical Garden 199
Accra (Ghana)
  Ghana National Museum* 200
  Museum of the Department of Geological Surveys* 201
  Museum of Science and Technology 202
  Police Museum* 203
Addis Ababa (Ethiopia/Ethiopie)
  Archaeological Museum* 187
  Museum of the Holy Trinity Church of Ethiopia* 182
  Museum of the Institute of Ethiopian Studies* 183
  Natural History Museum* 188
  National Museum of Ethiopia* 184
  War Museum* 185
  Zoological Garden* 186
Akure (Nigeria)
  National Museum of Unity 318
Alexandria (Egypt/Egypte)

Al-Montezah Palace Museum* 115
Anatomy and Pathology Museum* 116
Aquarium* 117
Hydrobiological Museum* 118
Municipal Museum* 119
Museum of Fine Arts and Cultural Centre* 120
Museum of Greek and Roman Antiquities* 121
Museum of the Faculty of Fine Arts* 122
National Royal Jewelry Museum 123
Zoological Garden* 124
Alger (Algeria/Algérie)
  Jardin d'Essai* 001
  Musée central de l'armée 002
  Musée d'ethnographie et de préhistoire du Bardo* 003
  Musée national des antiquités 004
  Musée national des arts et traditions populaires 005
  Musée national des beaux-arts 006
  Musée national du Djihad 007
  Musée pour Enfants* 008
  Parc national du Tassili* 009
  Parc zoologique* 010
  Section de Conservation des Espèces Minérales(SCEM)* 011
Aného (Togo)
  Musée d'histoire et d'ethnographie 393
Annaba (Algeria/Algérie)
  Musée d'Hippone* 012
Antananarivo (Madagascar)
  Jardin zoologique et botanique, Institut de recherche scientifique de Madagascar* 254
  Musée d'art et d'archéologie de l'Université d'Antananarivo 255
  Musée de paléontologie et d'histoire naturelle 256
  Musée du Palais de la Reine 257

Musée folklorique, archéologique, paléontologique et faunistique* 258
Musée national de géologie 259
Apollonia (Libyan Arab Jamahiriya/Jamahiriya Arabe Libyenne)
  Museum of Apollonia* 247
Argungu (Nigeria)
  Kanta Museum* 319
Arusha (Tanzania/Tanzanie)
  Ngurdoto Gate 382
  The Arusha Declaration Museum 383
Asmara (Ethiopia/Ethiopie)
  Asmara Museum 189
Aswân (Egypt/Egypte)
  Mathaf Aswân* 125
Awasa (Ethiopia/Ethiopie)
  City Museum* 190
Axum (Ethiopia/Ethiopie)
  National Museum, Axum Branch* 191

Bagamoyo (Tanzania/Tanzanie)
  Catholic Church Private Museum 384
Bamako (Mali)
  Musée national du Mali 265
Bamenda (Cameroon/Cameroun)
  Musée de Bamenda* 073
Bangassou (Central African Republic/République Centrafricaine)
  Musée Labasso* 089
Bangui (Central African Republic/République Centrafricaine)
  Musée Barthélémy Boganda 090
  Musée zoologique* 091
Banjul (Gambia/Gambie)
  The Gambia National Museum* 198
Bauchi (Nigeria)
  School Museum 320
Bedjaïa (Algeria/Algérie)
  Musée de Bedjaïa* 013

Place Index/Index par ville

Beira (Mozambique)
  Museu Municipal* 294
Benghazi (Libyan Arab Jamahiriya/Jamahiriya Arabe Libyenne)
  Agoria Museum* 248
Benguela (Angola)
  Museu Nactional de Arqueologia 037
Beni-Abbes (Algeria/Algérie)
  Parc botanique et zoologique* 014
Beni Saf (Algeria/Algérie)
  Parc botanique et zoologique* 015
Benin City (Nigeria)
  National Museum Benin 322
Beyla (Guinea/Guinée)
  Musée régional de Beyla* 215
Bingerville (Côte d'Ivoire)
  Musée régional Charles Combes* 108
Bissau (Guinea-Bissau/Guinée-Bissau)
  Museu da Guiné* 224
  Museu etnográfico nacional 225
Boké (Guinea/Guinée)
  Musée préfectoral de Boké 216
Bondoukou (Côte d'Ivoire)
  Musée régional de Bondoukou 109
Bonoua (Côte d'Ivoire)
  Cases-musée de Bonoua 110
Bou Ismail (Algeria/Algérie)
  Aquarium* 016
Bouar (Central African Republic/République Centrafricaine)
  Musée ethnographique régional* 092
Brazzaville (Congo)
  Musée des sciences de la terre* 098
  Musée Marien Ngouabi 099
  Musée national de Brazzaville 100
  Parc zoologique de Brazzaville 101
Buea (Cameroon/Cameroun)
  Musée de Buea* 074

Bujora (Tanzania/Tanzanie)
  Sukuma Museum 385
Bujumbura (Burundi)
  Musée vivant de Bujumbura 071
Bukavu (Zaire/Zaïre)
  Musée préhistorique et géologique* 454
Bulawayo (Zimbabwe)
  Bulawayo Art Gallery* 489
  Khami Ruins Site Museum* 490
  Matapos National Park Site Museums* 491
  National Railways of Zimbabwe Museum 492
  Natural History Museum of Zimbabwe 493
Bulla Regia (Tunisia/Tunisie)
  Antiquarium de Bulla Regia 396
Butare (Rwanda)
  Arboretum de Ruhande 351
  Musée national du Rwanda 352

Cabinda (Angola)
  Museu Regional de Cabinda 038
Cairo (Egypt/Egypte)
  Abdin Palace Museum* 126
  Agricultural Museum* 127
  Al-Gawhara Palace Museum 128
  Anderson Museum* 129
  Aquarium* 130
  Boulac Car Museum* 131
  The Coptic Museum 132
  The Cotton Museum* 133
  Education Museum* 134
  Egyptian Museum 135
  Entomological Museum* 136
  Geological Museum* 137
  History of Medicine and Pharmacy* 138
  Irrigation Museum* 139
  Manial Palace Museum 140
  Military Museum* 141
  Mohamed Aly Museum 142
  Mokhtar Museum* 143
  Museum of Arab Culture* 144
  Museum of Criminology* 145

Museum of Egyptian Civilisation* 146
Museum of Geography and Ethnography* 147
Museum of Hygiene* 148
Museum of Islamic Art 149
Museum of Modern Art* 150
Museum of Mohamed Mahmoud Khalil and his wife* 151
Museum of Railways and Telecommunications* 152
Museum of Royal Carriages 153
Museum of the Revolution* 154
Mustafa Kamel Museum* 155
The Omma Museum* 156
Pharaonic Museum* 157
Postal Museum* 158
Scientific Research Museum* 159
Transport Museum* 160
Calabar (Nigeria)
  Old Residency Museum 323
Cape Coast (Ghana)
  University of Cape Coast Museum* 204
  West African Historical Museum 205
Carthage (Tunisia/Tunisie)
  Antiquarium de la basilique de Dermech 397
  Antiquarium des ports puniques 398
  Antiquarium du quartier punique 399
  Musée de Carthage 400
  Parc archéologique des thermes d'Antonin 401
  Parc des villas romaines de l'Odéon* 402
  Tophet de Salammbo 403
Casablanca (Morocco/Maroc)
  Aquarium de Casablanca/Institut des pêches maritimes du Maroc* 273
Cherchell (Algeria/Algérie)
  Musée de plein air* 017
  Musée de Cherchell* 018
Chiriri (Malawi)

Place Index/Index par ville

Museum of Malawi Culture 262
Conakry (Guinea/Guinée)
  Musée botanique* 217
  Musée géologique* 218
  Musée national de Sandervalia 219
Constantine (Algeria/Algérie)
  Musée national Cirta 019
Cyrene (Libyan Arab Jamahiriya/Jamahiriya Arabe Libyenne)
  Museum of Cyrene* 249

Dakar (Senegal/Sénégal)
  Musée d'art africain* 356
  Musée dynamique 357
  Musée géologique africain* 358
Dar Es Salaam (Tanzania/Tanzanie)
  Kijiji cha Makumbusho (Village Museum) 386
  National Museum of Tanzania 387
Debre-Zeyt (Ethiopia/Ethiopie)
  Heroes Centre* 192
Djemila (Algeria/Algérie)
  Musée de Djemila* 020
Djerba (Tunisia/Tunisie)
  Musée des arts et traditions populaires 404
Dodoma (Tanzania/Tanzanie)
  Geological Survey Museum* 338
Dschang (Cameroon/Cameroun)
  Foyer culturel de Dschang* 076
  Musée Bamilike* 077
Duékoué (Côte d'Ivoire)
  Musée Don Bosco 111
Dundo (Angola)
  Museu Regional do Dundo 039
Dwando (Congo)
  Musée de la Cuvette* 102

El Alamein (Egypt/Egypte)
  El Alamein Military Museum* 161
El Fasher (Sudan/Soudan)
  Darfur Provincial Museum* 368
El Ghardaga (Egypt/Egypte)
  El Ghardaga Aquarium* 162

El Jem (Tunisia/Tunisie)
  Musée archéologique d'El Jem 405
El Kantara (Algeria/Algérie)
  Musée archéologique* 021
El Kef (Tunisia/Tunisie)
  Musée des arts et traditions populaires du Kef 406
El Obeid (Sudan/Soudan)
  Sheikan Museum* 369
El Oued (Algeria/Algérie)
  Musée d'El Oued et du Souf 022
Enfidaville (Tunisia/Tunisie)
  Musée d'Enfida* 407
Entebbe (Uganda/Ouganda)
  Botanic Gardens* 438
  Forestry Department Library and Herbarium* 439
  Game and Fisheries Department Museum, Aquarium and Library* 440
  Museum of the Geological Survey and Mines* 441
Enugu, (Nigeria)
  National Museum Enugu 324
Esie (Nigeria)
  National Museum Esie 325
Essaouira (Morocco/Maroc)
  Musée Sidi Mohamed Ben Abdellah 274

Fés (Morocco/Maroc)
  Musée d'Armes* 275
  Musée du Batha* 276
Fort Victoria (Zimbabwe)
  Great Zimbabwe Ruins National Monument* 494
Foumban (Cameroon/Cameroun)
  Musée des arts et traditions Bamoun* 078
  Musée du Palais royal du Sultan Bamoun* 079
Freetown (Sierra Leone)
  Sierra Leone National Museum* 364

Gabès (Tunisia/Tunisie)
  Musée des arts et traditions populaires 408
Gaborone (Botswana)
  National Museum, Monuments & Art Gallery 062
Gao (Mali)
  Musée du Sahel 266
Gaoua (Burkina)
  Musée des civilisations du sud-ouest 066
Ghardaia (Algeria/Algérie)
  Musée folklorique de Ghardaia* 023
Gitarama (Rwanda)
  Musée de Kabgayi 353
Gitega (Burundi)
  Musée national de Gitega 072
Giza (Egypt/Egypte)
  Zoological Garden* 163
  Pyramids Rest House Museum* 164
  Cheop's Boats Museum/Musée des bâteaux de Chéops* 165
  Nagi Museum* 166
  Orman Botanic Garden* 167
Gonder (Ethiopia/Ethiopie)
  Castle Museum* 193
Gorée (Senegal/Sénégal)
  Musée de la mer* 359
  Musée historique d'Afrique occidentale* 360
Grand Bassam (Côte d'Ivoire)
  Musée du Grand-Bassam* 112
  Musée national du costume 113
Guelma (Algeria/Algérie)
  Musée du Théâtre de Guelma* 024
Gwelo (Zimbabwe)
  Midlands Museum* 495
Gweru (Zimbabwe)
  Zimbabwe Military Museum 496

Harar (Ethiopia/Ethiopie)
  City Museum and Library* 194
Harare (Zimbabwe)
  MacGregor Museum* 497
  National Archives* 498

Place Index/Index par ville

National Gallery of Zimbabwe* 499
Queen Victoria Museum 500
Hargeysa (Somalia/Somalie)
　Regional Museum of Northern Province of Somalia* 366
Harper (Liberia)
　William V.S.Tubman Library and Museum* 240
Heliopolis (Egypt/Egypte)
　Sahara Museum* 168
Helwân (Egypt/Egypte)
　Helwân Palace Museum* 169
Ho (Ghana)
　Volta Regional Museum 206
Huambo (Angola)
　Museu Regional do Huambo 040
　Museu Regional do Planalto 041
Hyrax Hill (Kenya)
　Hyrax Hill Site Museum* 226

Ibadan (Nigeria)
　Botanical Garden* 326
　Geological Museum* 327
　National Museum Ibadan 328
　University of Ibadan Museum 329
　University of Ibadan Zoo* 330
Ife (Nigeria)
　Ife Museum 331
　Museum of Natural History, University of Ife 332
Ilha da Inhaca (Mozambique)
　Museu e Estação de Biologia Maritima da Ilha da Inhaca* 295
Ilupeju-Lagos (Nigeria)
　Nigerian Army Museum Service* 333
Inyanga (Zimbabwe)
　Nyahokwe Ruins Site Museum* 170
Ismailia (Egypt/Egypte)
　Ismailia Museum* 170

Jos (Nigeria)
　Departmental Museum* 334
　National Museum of Jos 335

Kabale (Uganda/Ouganda)
　Kabale Regional Museum 442
Kaduna (Nigeria)
　Museum of the Nigerian Geological Survey Department* 336
　National Museum of Kaduna 337
Kairouan (Tunisia/Tunisie)
　Musée de Kairouan* 409
Kalaa des Beni Hammad (Algeria/Algérie)
　Kalaa des Beni Hammad (Musée de plein air)* 025
Kampala (Uganda/Ouganda)
　Forest Department Utilisation Division and Museum* 443
　Makerere University Art Gallery 444
　Makerere University Zoological Museum 445
　Medical School Museum* 446
　Nommo Art Gallery* 447
　Teso Museum* 448
　Uganda Museum* 449
Kananga (Zaire/Zaïre)
　Musée national de Kananga* 445
Kangu (Kinshasa) (Zaire/Zaïre)
　Musée de Mayombe* 456
Kano (Nigeria)
　National Museum of Kano 338
Kanye (Botswana)
　Kanye Museum/Kgosi Bathaen II Museum* 063
Kariandusi (Kenya)
　Kariandusi Prehistoric Site Museum* 227
Katsina (Nigeria)
　School Museum* 339
Kawanda (Uganda/Ouganda)
　Agricultural Research Station-Department of Agriculture* 450
Khartoum (Sudan/Soudan)
　Graphic Health Museum* 370
　Khalifa House Museum* 371
　Mathaf al Ethnografia* 372
　Mathaf al Geologia/Geological Survey Museum* 373

Mathaf al Sudan/Sudan National Museum* 374
Mathaf al Tarikh al Tabia/Natural History Museum* 375
Mathaf Meroe* 376
National Botanical Garden* 377
Zoological Garden* 378
Khrisane (Tunisia/Tunisie)
　Musée lapidaire Sidi Bou* 410
Kingoy (Zaire/Zaïre)
　Musée ethnologique provincial* 457
Kinkala-Pool (Congo)
　Musée régional André Grenard Matsoua 103
Kinshasa (Zaire/Zaïre)
　Académie des Beaux-Arts* 458
　Musée de géologie* 459
　Musée national de la vie congolaise* 460
　Musée scolaire* 461
　Musées universitaire-Centre de recherches interfacultaires 462
Kirkwit (Zaire/Zaïre)
　Musée ethnologique provincial* 463
Kisangani (Zaire/Zaïre)
　Musée de la vie indigène* 464
Kissidougou (Guinea/Guinée)
　Musée régional* 220
Kitale (Kenya)
　National Museum of Western Kenya* 228
Kolwesi (Zaire/Zaïre)
　Musée minéralogique* 465
Koundara (Guinea/Guinée)
　Musée préfectoral 221
Kousseri (Cameroon/Cameroun)
　Musée de Kousseri/Musée du Centre IFAN* 080
Ksar Hellal (Tunisia/Tunisie)
　Musée Dar Ayed 411
Kumasi (Ghana)
　Ghana Armed Forces Museum 207
　Ghana National Cultural Centre Zoological Gardens* 208

Place Index/Index par ville

Prempeh II Jubilee Museum* 209

Lagos (Nigeria)
   National Museum 340
Lake Katwe (Uganda/Ouganda)
   Queen Elizabeth Natural Park Museum* 451
Lamu (Kenya)
   Lamu Museum 229
Larache (Morocco/Maroc)
   Musée archéologique 277
Le Bardo (Tunisia/Tunisie)
   Musée national du Bardo 412
Legon (Ghana)
   Ethnography Museum* 210
   Geological Collections* 211
   Ghana Herbarium 212
   Museum of the Department of Archaeology* 213
   Zoology Museum 214
Libreville (Gabon)
   Musée national des arts et traditions 197
Likasi (Zaire/Zaïre)
   Musée de géologie* 466
Limbé (Cameroon/Cameroun)
   Jardin botanique* 081
   Jardin zoologique* 082
Limulunga (Zambia/Zambie)
   Nayuma Museum 475
Livingstone (Zambia/Zambie)
   Eastern Cataract Field Museum 476
   Livingstone Museum* 477
   Open-air Museum* 478
   Railway Museum 479
   Victoria Falls Field Museum 480
Lobamba (Swaziland)
   Swaziland National Museum 381
Lobatse (Botswana)
   Postal Museum* 064
Lobito (Angola)
   Museu Etnográfico do Lobito 042
Lomé (Togo)
   Musée national de plein air* 394
   Musée national des sites et monuments 395

Luanda (Angola)
   Depósito Central de Etnografia e das Artes Plásticas 043
   Museu Central das Forças Armadas 044
   Museu da Escravatura 045
   Museu de Geologia, Mineralogia e Paleontologia 046
   Museu do Café* 047
   Museu Geológico do IICA* 048
   Museu Nacional de Antropologia 049
   Museu Nacional de Historia Natural 050
   Museu Regional do Reino do Koongo 051
Lubango (Angola)
   Museu Regional de Huíla 052
Lubumbashi (Zaire/Zaïre)
   Musée national de Lubumbashi* 467
Luederitz (Namibia/Namibie)
   Luderitz Museum* 307
Lusaka (Zambia/Zambie)
   Memorial Museum of Zambia* 481
   Military and Police Museum* 482
   National Archives* 483
   National Political Museum of Zambia 484
   Regimental Museum* 485
   The Art Centre* 486
Luxor (Egypt/Egypte)
   Luxor Museum* 171
Lwiro (Zaire/Zaïre)
   Musée ethnographique* 468

Maboké (Central African Republic/République Centrafricaine)
   Musée de Maboké* 093
Mactar (Tunisia/Tunisie)
   Musée de Mactar* 413
Mahdia (Tunisia/Tunisie)
   Musée de Mahdia* 414
Mahebourg (Mauritius/Maurice)
   Naval and Historical Museum 269

Makale (Ethiopia/Ethiopie)
   City Museum* 195
Malange (Angola)
   Museu do Pioneiro* 053
Malindi (Kenya)
   Gedi Ruins Museum* 230
Mallawy (Egypt/Egypte)
   Minia Museum* 172
Mangochi (Malawi)
   Lake Malawi Museum* 172
Manhiqueni (Mozambique)
   Museu arqueológico* 297
Manica (Mozambique)
   Museu Mostruario de Manica* 298
Maputo (Mozambique)
   Museu da Revolução* 299
   Museu de Historia Natural 300
   Museu Historico Militar* 301
   Museu Nacional da Moeda* 302
   Museu Nacional de Arte* 303
   Museu Nacional de Geologia* 304
Marangu (Tanzania/Tanzanie)
   Kibo Art Gallery* 389
Marondera (Zimbabwe)
   Children's Library Museum 502
Maroua (Cameroon/Cameroun)
   Musée de Diamare* 083
   Musée de Maroua* 084
Marrakech (Morocco/Maroc)
   Musée de Dar Si Saïd 278
Maseru (Lesotho)
   Lesotho National Museum* 238
Matadi (Zaire/Zaïre)
   Musée* 469
Matmata (Tunisia/Tunisie)
   Musée local* 415
Mbaiki (Central African Republic/République Centrafricaine)
   Musée botanique de Boukoko* 094
Mbala (Zambia/Zambie)
   Moto Moto Museum* 487
Mbandaka (Zaire/Zaïre)
   Musée national de Mbandaka* 470

Place Index/Index par ville

Mbarara (Uganda/Ouganda)
  Folk Museum* 452
Meknès (Morocco/Maroc)
  Jardin zoologique* 279
  Musée Dar Jamaï 280
Meru (Kenya)
  Meru Museum* 231
Mikumi (Tanzania/Tanzanie)
  Mikumi National Park 390
Mio Wa Mbu (Tanzania/Tanzanie)
  Lake Manyara National Park 391
Mocamedes (Angola)
  Museu da Pesca* 054
Mochudi (Botswana)
  Phuthadikobo Museum* 065
Mogadishu (Somalia/Somalie)
  Miyusiyamka Ummadda/National Museum* 367
Moknine (Tunisia/Tunisie)
  Musée de Moknine 416
Mokolo (Cameroon/Cameroun)
  Musée de Mokolo* 085
Mombasa (Kenya)
  Fort Jesus Museum* 232
Monastir (Tunisia/Tunisie)
  Musée du Ribat de Monastir 417
Monrovia (Liberia)
  Biology Museum* 241
  National Museum of Liberia 242
  William V.S. Tubman High School Museum* 243
Morija (Lesotho)
  Museum of Lesotho* 239
Mushenge (Zaire/Zaïre)
  Musée du roi de Kuba* 471
Mutare (Zimbabwe)
  Mutare Museum 503
Mweka (Zaire/Zaïre)
  Musée ethnologique provincial* 472
Mzuzu (Malawi)
  Mzuzu Museum 264

N'Djamena (Chad/Tchad)
  Musée national tchadien 097
N'Zerékoré (Guinea/Guinée)
  Musée annexe* 222

  Musée ethnographique 223
Nabeul (Tunisia/Tunisie)
  Musée du Cap Bon 418
Naguru (Uganda/Ouganda)
  Uganda Police Museum* 453
Nairobi (Kenya)
  Herbarium* 233
  National Museum of Kenya* 234
  New Stanley Art Gallery* 235
  Olorgesailie Prehistoric Site Museum* 236
  Serpentarium* 237
Nampula (Mozambique)
  Museu de Nampula* 305
Ndola (Zambia/Zambie)
  Copperbelt Museum* 488
Niamey (Niger)
  Musée national 315
Nimo (Nigeria)
  Asele Institute* 341
Njala (Sierra Leone)
  National Herbarium* 365
Nosy Be (Madagascar)
  Musée du CNRO 260
Nouakchott (Mauritania/Mauritanie)
  Musée national de Nouakchott 268
Nri (Nigeria)
  Odinani Museum 342
Nsukka (Nigeria)
  Department of Archaeology Museum* 343
  Institute of African Studies Museum* 344

Okahandja (Namibia/Namibie)
  Zoopark Okahandja* 308
Okaukuejo (Namibia/Namibie)
  Okaukuejo Museum* 309
Omdurman (Sudan/Soudan)
  Mathaf Beit al Khalifa* 379
Oran (Algeria/Algérie)
  Musée national Zabana 026
Oron (Nigeria)
  National Museum Oron 345
Oshogbo (Nigeria)
  Museum of the Institute of African Studies* 346

Ouagadougou (Burkina)
  Musée national de Ouagadougou 067
  Musée national du Burkina 068
  Musée provincial de Bobo 069
Ouargla (Algeria/Algérie)
  Musée saharien* 027
Oujda (Morocco/Maroc)
  Musée régional* 281
Owo (Nigeria)
  National Museum of Owo 347

Pangala (Angola)
  Museu Rural do Sogo* 055
Parakou (Benin/Bénin)
  Musée de plein-air, d'ethnographie et de sciences naturelles* 059
Perroni (Central African Republic/République Centrafricaine)
  Musée d'art moderne de Perroni* 095
Pobé (Burkina)
  Musée de Pobé-Mengao 070
Pointe-Noire (Congo)
  Musée régional "Ma-Loango" Diosso 104
Port Harcourt (Nigeria)
  National Museum Port Harcourt 348
Port Said (Egypt/Egypte)
  Port Said Military Museum* 173
Port-Louis (Mauritius/Maurice)
  Mauritius Institute 270
Porto-Novo (Benin/Bénin)
  Musée ethnographique 060
  Musée Honmè 061

Rabat (Morocco/Maroc)
  Jardin zoologique* 282
  Musée archéologique de Rabat* 283
  Musée de l'Institut scientifique cheriffien* 284
  Musée des antiquités* 285
  Musée des Oudâia* 286
Rashid (Egypt/Egypte)

Place Index/Index par ville

National Rosetta Museum 174
Rashid Military Museum* 175
Reduit (Mauritius/Maurice)
  The Mauritius Herbarium (MSIRI) 271
Robertsport (Liberia)
  Tubman Centre for African Culture* 244
Ruhengeri (Rwanda)
  Musée géologique* 354

Sabrata (Libyan Arab Jamahiriya/Jamahiriya Arabe Libyenne)
  Sabrata Archaeological Museum* 250
Saint Catherine (Egypt/Egypte)
  Museum and Library of the Monastery of Saint Catherine* 176
Saint-Louis (Senegal/Sénégal)
  Musée de Saint-Louis du Sénégal* 361
Salacta (Tunisia/Tunisie)
  Musée de Salacta 419
Salammbo (Tunisia/Tunisie)
  Musée et aquarium de Salammbo 420
Sale (Morocco/Maroc)
  Jardins exotiques et d'acclimatation* 287
São Tomé (Sao Tome and Principe/São Tomé-et-Principe)
  Museu nacional de Sao Tomé e Principe 355
Sebha (Libyan Arab Jamahiriya/Jamahiriya Arabe Libyenne)
  Germa Archaeological Museum* 251
Sétif (Algeria/Algérie)
  Musée de Sétif* 028
Sfax (Tunisia/Tunisie)
  Musée archéologique de Sfax 421
  Musée d'art et de traditions populaires 422
Sirs-al-Layyan (Egypt/Egypte)

Sirs-al-Layyan Museum (Rural Museum)* 177
Skidda (Algeria/Algérie)
  Musée municipal* 029
Sodo (Ethiopia/Ethiopie)
  City Museum* 196
Souillac (Mauritius/Maurice)
  Robert Edward Hart Memorial Museum 272
Souk-Ahras (Algeria/Algérie)
  Musée Saint-Augustin* 030
Sousse (Tunisia/Tunisie)
  Musée archéologique de Sousse 423
Suacoco (Liberia)
  Cuttington College Museum* 245
Suez (Egypt/Egypte)
  Aquarium* 178
  Museum of the Suez Canal* 179
  Tanta Tanta Antiquities Museum 180
Swakopmund (Namibia/Namibie)
  Museum Swakopmund* 310

Tabarka (Tunisia/Tunisie)
  Musée de Tabarka 424
Tanger (Morocco/Maroc)
  Musée de la Kasbah* 288
  Musée Micheaux Bellaire/Musée des antiquités* 289
Tazoult (Algeria/Algérie)
  Musée et site archéologique* 031
Tebessa (Algeria/Algérie)
  Musée du Temple de Minerve* 032
Teboursouk (Tunisia/Tunisie)
  Musée Teboursouk 425
Tetouan (Morocco/Maroc)
  Musée archéologique* 290
  Musée d'art populaire marocain* 291
  Musée ethnographique de Tetouan 292
Timgad (Algeria/Algérie)
  Musée de Timgad* 033
Tipasa (Algeria/Algérie)

Musée antiquarium des sites de Tipasa 034
Tizi-Ouzou (Algeria/Algérie)
  Musée de Tizi-Ouzou* 035
Tlemcen (Algeria/Algérie)
  Musée de Tlemcen* 036
Toliara (Tuléar) (Madagascar)
  Musée régional* 261
Tombouctou (Mali)
  Centre de documentation arabe* 267
Totota (Liberia)
  William V.S. Tubman Museum* 246
Tripoli (Libyan Arab Jamahiriya/Jamahiriya Arabe Libyenne)
  National Museum* 252
  Natural History Museum* 253
Tshikappa (Zaire/Zaïre)
  Musée ethnologique provincial* 473
Tsumeb (Namibia/Namibie)
  Fort Namutoni* 311
  Museum Tsumeb* 312
Tunis (Tunisia/Tunisie)
  Centre d'art vivant de la ville de Tunis - Musée d'art moderne 426
  Musée d'art islamique* 427
  Musée de la monnaie* 428
  Musée du 9 avril 1938 429
  Musée du Conservatoire* 430
  Musée du patrimoine traditionnel de Tunis 431
  Musée national des PTT* 432
  Musée Place du Leader 433
  Parc zoologique de la ville de Tunis 433
  Sidi Bou Khrissan 435
  Musée du mouvement national* 436

Uige (Angola)
  Museu Regional do Wije 056
Umuahia (Nigeria)
  National Museum Umuahia 349

Place Index/Index par ville

Utique (Tunisia/Tunisie)
  Musée d'Utique 437

Vavoua (Côte d'Ivoire)
  Musée du prophète Djouman
    Mihin 114
Victoria (Seychelles)
  Seychelles National Museum 362
  SPUP/SPPF Historical Museum
    363
Vivi (Zaire/Zaïre)
  Musée de Stanley* 474
Volubilis (Morocco/Maroc)
  Musée des antiquités* 293

Wadi al-Natrum (Egypt/Egypte)
  Dair as Suriân Museum (Coptic
    Museum)* 181
Wadi-Halfa (Sudan/Soudan)
  Mathaf Wadi-Halfa* 380
Windhoek (Namibia/Namibie)
  Staatsmuseum* 313
  Arts Association Gallery* 314
Xai Xai (Mozambique)
  Museu Provincial Guerras de
    Resistência* 306

Yaoundé (Cameroon/Cameroun)
  Musée Alioune Diop* 086
  Musée national* 087
  Petit musée d'art camerounais 088

Zanzibar (Tanzania/Tanzanie)
  Zanzibar National Museum 392
Zaria (Nigeria)
  Ahmadu Bello University CNCS,
    NHRS Museum* 350
Zinder (Niger)
  Musée régional de Zinder 316

Subject Index

Archaeology

Algeria
Musée antiquarium des sites de Tipasa 034
Musée d'El Oued et du Souf 022
Musée national des antiquités 004
Musée national Cirta 019
Musée national Zabana 026

Angola
Museu Nacional de Antropologia 049
Museu Nacional d'Arqueologia 037
Museu Regional do Dundo 039
Museu Regional do Planalto 041

Botswana
National Museum, Monuments & Art Gallery 062

Burkina
Musée de Pobé-Mengao 070
Musée national du Burkina 068

Cameroon
Musée Alioune Diop 086
Musée de Douala 075

Central African Republic
Musée Barthélémy Boganda 090

Chad
Musée national tchadien 097

Congo
Musée national de Brazzaville 100

Côte d'Ivoire
Musée national d'Abidjan 107

Egypt
The Coptic Museum 132
Egyptian Museum 135
Manial Palace Museum 140
Museum of Islamic Art 149
Museum of Royal Carriages 153
Tanta Antiquities Museum 180

Ethiopia
Asmara Museum 189
National Museum of Ethiopia 184

Gambia
The Gambia National Museum 198

Ghana
Ghana Herbarium 212
Museum of Science and Technology 202
Volta Regional Museum 206
West African Historical Museum 205

Guinea
Musée national de Sandervalia 219
Musée régional (Kissidougou) 220

Liberia
National Museum of Liberia 242

Madagascar
Musée d'art et d'archéologie de l'Université d'Antananarivo 255
Musée de paléontologie et d'histoire naturelle 256

Malawi
Lake Malawi Museum 263
Museum of Malawi Culture 262

Mali
Musée national du Mali 265

Mauritania
Musée national de Nouakchott 268

Mauritius
Mauritius Institute 270
Naval and Historical Museum 269

Morocco
Musée archéologique 277
Musée archéologique de Rabat 283
Musée du Batha 276

Niger
Musée national 315

Nigeria
Ife Museum 331
National Museum 340
National Museum Benin 322
National Museum Esie 325
National Museum of Jos 335
National Museum of Kaduna 337
National Museum Oron 345
National Museum of Owo 347
Odinani Museum 342
Old Residency Museum 323

Rwanda
Musée national du Rwanda 352

Seychelles
Seychelles National Museum 362

Swaziland
Swaziland National Museum 381

Tanzania
Mikumi National Park 390
National Museum of Tanzania 387
Zanzibar National Museum 392

Tunisia
Antiquarium de Bulla Regia 396
Antiquarium de la basilique de Dermech 397
Antiquarium des ports puniques 398
Antiquarium du quartier punique 399
Musée archéologique d'El Jem 405
Musée archéologique de Sfax 421
Musée archéologique de Sousse 423
Musée du Cap Bon 418
Musée de Carthage 400
Musée de Moknine 416
Musée du Ribat de Monastir 417
Musée de Salacta 419
Musée de Tabarka 424
Musée d'Utique 437
Musée national du Bardo 412
Parc archéologique des thermes d'Antonin 401
Sidi Bou Khrissan 435
Tophet de Salammbo 403

Uganda
Kabale Regional Museum 442
Makerere University Zoological Museum 445

Zambia

Eastern Cataract Field Museum 476
Victoria Falls Field Museum 480
Zimbabwe
Mutare Museum 503
Queen Victoria Museum 500

Contemporary art
Algeria
Musée national des beaux-arts 006
Musée national Zabana 026
Angola
Depósito Central de Etnografia e das Artes Plásticas 043
Museu Regional do Planalto 041
Benin
Musée d'histoire de Ouidah 058
Musée historique 057
Cameroon
Petit musée d'art camerounais 088
Chad
Musée national tchadien 097
Congo
Musée régional André Grenard Matsoua 103
Côte d'Ivoire
Musée régional Bieth d'Abengourou 106
Musée régional Charles Combes 108
Ethiopia
National Museum of Ethiopia 184
Ghana
Volta Regional Museum 206
Guinea
Musée national de Sandervalia 219
Musée régional (Kissidougou) 220
Liberia
National Museum of Liberia 242
Mauritius
Naval and Historical Museum 269
Robert Edward Hart Memorial Museum 272
Niger
Musée national 315
Nigeria
Odinani Museum 342

Senegal
Musée dynamique 357
Swaziland
Swaziland National Museum 381
Tanzania
Zanzibar National Museum 392
Tunisia
Centre d'art vivant de la ville de Tunis - Musée d'art moderne 426
Uganda
Kabale Regional Museum 442
Zambia
Nayuma Museum 475

Ethnography
Algeria
Musée d'El Oued et du Souf 022
Musée national des arts et traditions populaires 005
Musée national Zabana 026
Angola
Depósito Central de Etnografia e das Artes Plásticas 043
Museu Etnográfico do Lobito 042
Museu Nacional de Antropologia 049
Museu Regional do Dundo 039
Museu Regional do Huambo 040
Museu Regional do Planalto 041
Museu Regional do Wije 056
Benin
Musée d'histoire de Ouidah 058
Musée ethnographique 060
Musée historique 057
Botswana
National Museum, Monuments & Art Gallery 062
Burkina
Musée des civilisations du sud-ouest 066
Musée national de Ouagadougou 067
Musée national du Burkina 068
Musée provincial de Bobo 069
Burundi
Musée national de Gitega 072
Musée vivant de Bujumbura 071

Cameroon
Musée de Douala 075
Central African Republic
Musée Barthélémy Boganda 090
Chad
Musée d'Abéché 096
Musée national tchadien 097
Congo
Musée national de Brazzaville 100
Musée régional André Grenard Matsoua 103
Musée régional "Ma-Loango" Diosso 104
Côte d'Ivoire
Cases-musée de Bonoua 110
Musée de Zaranou 105
Musée Don Bosco 111
Musée du prophète Djouman Mihin 114
Musée national d'Abidjan 107
Musée national du costume 113
Musée régional Bieth d'Abengourou 106
Ethiopia
Asmara Museum 189
National Museum of Ethiopia 184
Gabon
Musée national des arts et traditions 197
Gambia
The Gambia National Museum 198
Ghana
Museum of Science and Technology 202
Volta Regional Museum 206
West African Historical Museum 205
Guinea
Musée ethnographique 223
Musée national de Sandervalia 219
Musée préfectoral (Koundara) 221
Musée préfectoral de Boké 216
Musée régional (Kissidougou) 220
Guinea-Bissau
Museu etnográfico nacional 225

Kenya
  Lamu Museum 229
Liberia
  National Museum of Liberia 242
Madagascar
  Musée d'art et d'archéologie de l'Université d'Antananarivo 255
  Musée régional (Toliara) 261
Malawi
  Lake Malawi Museum 263
  Museum of Malawi Culture 262
  Mzuzu Museum 264
Mali
  Musée du Sahel 266
  Musée national du Mali 265
Mauritania
  Musée national de Nouakchott 268
Mauritius
  Mauritius Institute 270
  Naval and Historical Museum 269
  Robert Edward Hart Memorial Museum 272
Morocco
  Musée Dar Jamaï 280
  Musée de Dar Si Saïd 278
  Musée du Batha 276
  Musée ethnographique de Tetouan 292
  Musée Sidi Mohamed Ben Abdellah 274
Mozambique
  Museu de Historia Natural 300
Niger
  Musée national 315
  Musée régional de Zinder 316
Nigeria
  Ife Museum 331
  National Museum 340
  National Museum Benin 322
  National Museum Enugu 324
  National Museum Esie 325
  National Museum Ibadan 328
  National Museum of Jos 335
  National Museum of Kaduna 337
  National Museum of Kano 338
  National Museum Oron 345
  National Museum of Owo 347

National Museum Port Harcourt 348
  Old Residency Museum 323
Rwanda
  Musée de Kabgayi 353
  Musée national du Rwanda 352
Senegal
  Musée dynamique 357
Swaziland
  Swaziland National Museum 381
Tanzania
  National Museum of Tanzania 387
  Sukuma Museum 385
  Zanzibar National Museum 392
Togo
  Musée d'histoire et d'ethnographie 393
  Musée national des sites et monuments 395
Tunisia
  Musée d'art et de traditions populaires (Sfax) 422
  Musée de Tabarka 424
  Musée des arts et traditions populaires (Djerba) 404
  Musée des arts et traditions populaires du Kef 406
  Musée des arts et traditions populaires (Gabès) 408
  Musée du patrimoine traditionnel de Tunis 431
  Musée national du Bardo 412
Uganda
  Kabale Regional Museum 442
Zaire
  Musées universitaire-Centre de recherches interfacultaires 462
Zambia
  Nayuma Museum 475
  National Political Museum of Zambia 484
Zimbabwe
  Mutare Museum 503
  Queen Victoria Museum 500
Folk art
Algeria
  Musée national Cirta 019

Musée national des arts et traditions populaires 005
  Musée national des beaux-arts 006
  Musée d'El Oued et du Souf 022
Angola
  Museu Regional do Dundo 039
Burundi
  Musée national de Gitega 072
  Musée vivant de Bujumbura 071
Côte d'Ivoire
  Musée de Zaranou 105
  Musée national du costume 113
  Musée régional Charles Combes 108
Gabon
  Musée national des arts et traditions 197
Guinea
  Musée ethnographique 223
Morocco
  Musée Sidi Mohamed Ben Abdellah 274
Nigeria
  National Museum of Owo 347
Tunisia
  Musée d'art et de traditions populaires (Sfax) 422
  Musée des arts et traditions populaires (Djerba) 404
  Musée des arts et traditions populaires du Kef 406
  Musée des arts et traditions populaires (Gabès) 408
  Musée de Moknine 416
  Musée du patrimoine traditionnel de Tunis 431
  Musée national du Bardo 412
Uganda
  Makerere University Art Gallery 444
Geology
Algeria
  Musée national Zabana 026
Angola
  Museu de Geologia, Mineralogia e Paleontologia 046
  Museu Regional do Planalto 041

Subject Index

Chad
  Musée national tchadien 097
Guinea
  Musée régional (Kissidougou) 220
Madagascar
  Musée de paléontologie et d'histoire naturelle 256
  Musée national de géologie 259
Niger
  Musée national 315
Nigeria
  Odinani Museum 342
Rwanda
  Musée de Kabgayi 353
Swaziland
  Swaziland National Museum 381
Tanzania
  Ngurdoto Gate (Arusha National Park) 382
  Zanzibar National Museum 392
Togo
  Musée national des sites et monuments 395
Uganda
  Kabale Regional Museum 442
  Makerere University Zoological Museum 445
Zambia
  Eastern Cataract Field Museum 476
Zimbabwe
  Mutare Museum 503
  Natural History Museum of Zimbabwe 493

History
Algeria
  Musée national du Djihad 007
Angola
  Museu da Escravatura 045
  Museu Regional do Reino do Koongo 051
Benin
  Musée historique 057
  Musée Honmè 061
  Musée d'histoire de Ouidah 058
Congo
  Musée Marien Ngouabi 099

Musée régional "Ma-Loango" Diosso 104
Egypt
  Al-Gawhara Palace Museum 128
  Mohamed Aly Museum 142
  Museum of Islamic Art 149
  Museum of Royal Carriages 153
  National Rosetta Museum 174
  National Royal Jewelry Museum 123
Gambia
  The Gambia National Museum 198
Ghana
  Volta Regional Museum 206
  West African Historical Museum 205
Liberia
  National Museum of Liberia 242
Madagascar
  Musée du Palais de la Reine 257
Malawi
  Museum of Malawi Culture 262
  Mzuzu Museum 264
Nigeria
  National Museum of Colonial History 317
  Old Residency Museum 323
Seychelles
  SPUP/SPPF Historical Museum 363
Tanzania
  The Arusha Declaration Museum 383
  Catholic Church Private Museum 384
  National Museum of Tanzania 387
Togo
  Musée d'histoire et d'ethnographie 393
  Musée national des sites et monuments 395
Tunisia
  Musée Dar Ayed 411
  Musée de Tabarka 424
  Musée du 9 avril 1938 429
  Musée Place du Leader 433

Musée Teboursouk 425
Zambia
  National Political Museum of Zambia 484
Zimbabwe
  Children's Library Museum 502
  Mutare Museum 503

Military history
Algeria
  Musée central de l'armée 002
Angola
  Museu Central das Forças Armadas 044
Ghana
  Ghana Armed Forces Museum 207
Nigeria
  National Museum Umuahia 349
Zimbabwe
  Zimbabwe Military Museum 496

Natural history
Algeria
  Musée d'El Oued et du Souf 022
  Musée national Zabana 026
Angola
  Museu Nacional de Historia Natural 050
  Museu Regional de Dundo 039
  Museu Regional do Planalto 041
Central African Republic
  Musée Barthélémy Boganda 090
Chad
  Musée national tchadien 097
Côte d'Ivoire
  Musée de Zaranou 105
Egypt
  Al-Gawhara Palace Museum 128
  Mohamed Aly Museum 142
Ethiopia
  Natural History Museum 188
Ghana
  Aburi Botanical Garden 199
  Ghana Herbarium 212
Guinea
  Musée national de Sandervalia 219
  Musée régional (Kissidougou) 220

Liberia
    National Museum of Liberia 242
Madagascar
    Musée de paléontologie et
        d'histoire naturelle 256
Malawi
    Museum of Malawi Culture 262
    Mzuzu Museum 264
Mauritius
    Mauritius Institute 270
    The Mauritius Herbarium (MSIRI)
        271
Mozambique
    Museu de Historia Natural 300
Niger
    Musée national 315
Nigeria
    Ife Museum 331
    Yankari Game Reserve - Bauchi
        321
Rwanda
    Arboretum de Ruhanda 351
Seychelles
    Seychelles National Museum 362
Swaziland
    Swaziland National Museum 381
Tanzania
    Mikumi National Park 390
    National Museum of Tanzania 387
    Ngurdoto Gate 382
    Zanzibar National Museum 392
Tunisia
    Parc zoologique de la ville de
        Tunis 434
Uganda
    Kabale Regional Museum 442
    Makerere University Zoological
        Museum 445
Zaire
    Musées universitaire-Centre de
        recherches interfacultaires 462
Zimbabwe
    Children's Library Museum 502
    Mutare Museum 503
    Natural History Museum of
        Zimbabwe 493
    Queen Victoria Museum 500

Oceanography
Madagascar
    Musée du CNRO 260
Tanzania
    National Museum of Tanzania 387
Tunisia
    Musée et aquarium de Salammbo
        420
Prehistory
Algeria
    Musée d'El Oued et du Souf 022
    Musée national Zabana 026
Angola
    Museu Nacional de Antropologia
        049
Cameroon
    Musée de Douala 075
    Musée Alioune Diop 086
Central African Republic
    Musée Barthélémy Boganda 090
Chad
    Musée national tchadien 097
Ethiopia
    National Museum of Ethiopia 184
    Natural History Museum 188
Liberia
    National Museum of Liberia 242
Morocco
    Musée archéologique de Rabat
        283
Niger
    Musée national 315
Nigeria
    Odinani Museum 342
Rwanda
    Musée de Kabagayi 353
Swaziland
    Swaziland National Museum 381
Tunisia
    Musée national du Bardo 412
Uganda
    Kabale Regional Museum 442
    Makerere University Zoological
        Museum 445
Zaire
    Musées universitaire - Centre de
        recherches interfacultaires 462

Transportation
Egypt
    Museum of Royal Carriages 153
Malawi
    Lake Malawi Museum 263
Zambia
    Railway Museum 479
Zimbabwe
    National Railways of Zimbabwe
        Museum 492
Zoology
Algeria
    Musée d'El Oued et du Souf 022
Congo
    Parc zoologique de Brazzaville
        101
Ghana
    Zoology Museum 214
Madagascar
    Musée de paléontologie et
        d'histoire naturelle 256
Tunisia
    Parc zoologique de la ville de
        Tunis 434
    Makere University Zoological
        Museum 445

Index par collection

Archéologie

Algérie
Musée antiquarium des sites de Tipasa 034
Musée d'El Oued et du Souf 022
Musée national des antiquités 004
Musée national Cirta 019
Musée national Zabana 026

Angola
Museu Nacional de Antropologia 049
Museu Nacional d'Arqueologia 037
Museu Regional de Dundo 039
Museu Regional do Planalto 041

Botswana
National Museum, Monuments & Art Gallery 062

Burkina
Musée de Pobé-Mengao 070
Musée national du Burkina 068

Cameroun
Musée Alioune Diop 086
Musée de Douala 075

Congo
Musée national de Brazzaville 100

Côte d'Ivoire
Musée national d'Abidjan 107

Egypte
The Coptic Museum 132
Egyptian Museum 135
Manial Palace Museum 140
Museum of Islamic Art 149
Museum of Royal Carriages 153
Tanta Antiquities Museum 180

Ethiopie
Asmara Museum 189
National Museum of Ethiopia 184

Gambie
The Gambia National Museum 198

Ghana
Ghana Herbarium 212
Museum of Science and Technology 202
Volta Regional Museum 206
West African Historical Museum 205

Guinée
Musée national de Sandervalia 219
Musée régional (Kissidougou) 220

Liberia
National Museum of Liberia 242

Madagascar
Musée d'art et d'archéologie de l'Université d'Antananarivo 255
Musée de paléontologie et d'histoire naturelle 256

Malawi
Lake Malawi Museum 263
Museum of Malawi Culture 262

Mali
Musée national du Mali 265

Maroc
Musée archéologique 277
Musée archéologique de Rabat 283
Musée du Batha 276

Maurice
Mauritius Institute 270
Naval and Historical Museum 269

Mauritanie
Musée national de Nouakchott 268

Niger
Musée national 315

Nigeria
Ife Museum 331
National Museum 340
National Museum Benin 322
National Museum Esie 325
National Museum of Jos 335
National Museum of Kaduna 337
National Museum Oron 345
National Museum of Owo 347
Odinani Museum 342
Old Residency Museum 323

Ouganda
Kabale Regional Museum 442
Makerere University Zoological Museum 445

République Centrafricaine
Musée Barthélémy Boganda 090

Rwanda
Musée national du Rwanda 352

Seychelles
Seychelles National Museum 362

Swaziland
Swaziland National Museum 381

Tanzanie
Mikumi National Park 390
National Museum of Tanzania 387
Zanzibar National Museum 392

Tchad
Musée national tchadien 097

Tunisie
Antiquarium de Bulla Regia 396
Antiquarium de la basilique de Dermech 397
Antiquarium des ports puniques 398
Antiquarium du quartier punique 399
Musée archéologique d'El Jem 405
Musée archéologique de Sfax 421
Musée archéologique de Sousse 423
Musée du Cap Bon 418
Musée de Carthage 400
Musée de Moknine 416
Musée du Ribat de Monastir 417
Musée de Salacta 419
Musée de Tabarka 424
Musée d'Utique 437
Musée national du Bardo 412
Parc archéologique des thermes d'Antonin 401
Sidi Bou Khrissan 435
Tophet de Salammbo 403

Zambie

Index par collection

Eastern Cataract Field Museum 476
Victoria Falls Field Museum 480
Zimbabwe
Mutare Museum 503
Queen Victoria Museum 500

Art contemporain
Algérie
Musée national des beaux-arts 006
Musée national Zabana 026
Angola
Depósito Central de Etnografia e das Artes Plásticas 043
Museu Regional do Planalto 041
Bénin
Musée d'histoire de Ouidah 058
Musée historique 057
Cameroun
Petit musée d'art camerounais 088
Congo
Musée régional André Grenard Matsoua 103
Côte d'Ivoire
Musée régional Bieth d'Abengourou 106
Musée régional Charles Combes 108
Ethiopie
National Museum of Ethiopia 184
Ghana
Volta Regional Museum 206
Guinée
Musée national de Sandervalia 219
Musée régional (Kissidougou) 220
Liberia
National Museum of Liberia 242
Maurice
Naval and Historical Museum 269
Robert Edward Hart Memorial Museum 272
Niger
Musée national 315
Nigeria
Odinani Museum 342
Ouganda
Kabale Regional Museum 442

Sénégal
Musée dynamique 357
Swaziland
Swaziland National Museum 381
Tanzanie
Zanzibar National Museum 392
Tchad
Musée national tchadien 097
Tunisie
Centre d'art vivant de la ville de Tunis - Musée d'art moderne 426
Zambie
Nayuma Museum 475

Arts et traditions populaires
Algérie
Musée national Cirta 019
Musée national des arts et traditions populaires 005
Musée national des beaux-arts 006
Musée d'El Oued et du Souf 022
Angola
Museu Regional de Dundo 039
Burundi
Musée national de Gitega 072
Musée vivant de Bujumbura 071
Côte d'Ivoire
Musée de Zaranou 105
Musée national du costume 113
Musée régional Charles Combes 108
Gabon
Musée national des arts et traditions 197
Guinée
Musée ethnographique 223
Maroc
Musée Sidi Mohamed Ben Abdellah 274
Nigeria
National Museum of Owo 347
Ouganda
Makerere University Art Gallery 444
Tunisie
Musée d'art et de traditions populaires (Sfax) 422

Musée des arts et traditions populaires (Djerba) 404
Musée des arts et traditions populaires du Kef 406
Musée des arts et traditions populaires (Gabès) 408
Musée de Moknine 416
Musée du patrimoine traditionnel de Tunis 431
Musée national du Bardo 412

Ethnographie
Algérie
Musée d'El Oued et du Souf 022
Musée national des arts et traditions populaires 005
Musée national Zabana 026
Angola
Depósito Central de Etnográfico e das Artes Plásticas 043
Museu Etnográfico do Lobito 042
Museu Nacional de Antropologia 049
Museu Regional de Dundo 039
Museu Regional do Huambo 040
Museu Regional do Planalto 041
Museu Regional do Wije 056
Bénin
Musée d'histoire de Ouidah 058
Musée ethnographique 060
Musée historique 057
Botswana
National Museum, Monuments & Art Gallery 062
Burkina
Musée des civilisations du sud-ouest 066
Musée national de Ouagadougou 067
Musée national du Burkina 068
Musée provincial de Bobo 069
Burundi
Musée national de Gitega 072
Musée vivant de Bujumbura 071
Cameroun
Musée de Douala 075
Congo
Musée national de Brazzaville 100

208

Index par collection

Musée régional André Grenard Matsoua 103
Musée régional "Ma-Loango" Diosso 104
Côte d'Ivoire
Cases-musée de Bonoua 110
Musée de Zaranou 105
Musée Don Bosco 111
Musée du prophète Djouman Mihin 114
Musée national d'Abidjan 107
Musée national du costume 113
Musée régional Bieth d'Abengourou 106
Ethiopie
Asmara Museum 189
National Museum of Ethiopia 184
Gabon
Musée national des arts et traditions 197
Gambie
The Gambia National Museum 198
Ghana
Museum of Science and Technology 202
Volta Regional Museum 206
West African Historical Museum 205
Guinée
Musée ethnographique 223
Musée national de Sandervalia 219
Musée préfectoral (Koundara) 221
Musée préfectoral de Boké 216
Musée régional (Kissidougou) 220
Guinée-Bissau
Museu etnográfico nacional 225
Kenya
Lamu Museum 229
Liberia
National Museum of Liberia 242
Madagascar
Musée d'art et d'archéologie de l'Université d'Antananarivo 255
Musée régional (Toliara) 261
Malawi

Lake Malawi Museum 263
Museum of Malawi Culture 262
Mzuzu Museum 264
Mali
Musée du Sahel 266
Musée national du Mali 265
Maroc
Musée Dar Jamaï 280
Musée de Dar Si Saïd 278
Musée du Batha 276
Musée ethnographique de Tetouan 292
Musée Sidi Mohamed Ben Abdellah 274
Maurice
Mauritius Institute 270
Naval and Historical Museum 269
Robert Edward Hart Memorial Museum 272
Mauritanie
Musée national de Nouakchott 268
Mozambique
Museu de Historia Natural 300
Niger
Musée national 315
Musée régional de Zinder 316
Nigeria
Ife Museum 331
National Museum 340
National Museum Benin 322
National Museum Enugu 324
National Museum Esie 325
National Museum Ibadan 328
National Museum of Jos 335
National Museum of Kaduna 337
National Museum of Kano 338
National Museum Oron 345
National Museum of Owo 347
National Museum Port Harcourt 348
Old Residency Museum 323
Ouganda
Kabale Regional Museum 442
République Centrafricaine
Musée Barthélémy Boganda 090
Rwanda
Musée de Kabgayi 353

Musée national du Rwanda 352
Sénégal
Musée dynamique 357
Swaziland
Swaziland National Museum 381
Tanzanie
National Museum of Tanzania 387
Sukuma Museum 385
Zanzibar National Museum 392
Tchad
Musée d'Abéché 096
Musée national tchadien 097
Togo
Musée d'histoire et d'ethnographie 393
Musée national des sites et monuments 395
Tunisie
Musée d'art et de traditions populaires (Sfax) 422
Musée de Tabarka 424
Musée des arts et traditions populaires (Djerba) 404
Musée des arts et traditions populaires du Kef 406
Musée des arts et traditions populaires (Gabès) 408
Musée du patrimoine traditionnel de Tunis 431
Musée national du Bardo 412
Zaïre
Musées universitaire-Centre de recherches interfacultaires 462
Zambie
Nayuma Museum 475
National Political Museum of Zambia 484
Zimbabwe
Mutare Museum 503
Queen Victoria Museum 500
Géologie
Algérie
Musée national Zabana 026
Angola
Museu de Geologia, Mineralogia e Paleontologia 046
Museu Regional do Planalto 041

Guinée
  Musée régional (Kissidougou) 220
Madagascar
  Musée de paléontologie et d'histoire naturelle 256
  Musée national de géologie 259
Niger
  Musée national 315
Nigeria
  Odinani Museum 342
Ouganda
  Kabale Regional Museum 442
  Makerere University Zoological Museum 445
Rwanda
  Musée de Kabgayi 353
Swaziland
  Swaziland National Museum 381
Tanzanie
  Ngurdoto Gate (Arusha National Park) 382
  Zanzibar National Museum 392
Tchad
  Musée national tchadien 097
Togo
  Musée national des sites et monuments 395
Zambie
  Eastern Cataract Field Museum 476
Zimbabwe
  Mutare Museum 503
  Natural History Museum of Zimbabwe 493

Histoire
Algérie
  Musée national du Djihad 007
Angola
  Museu da Escravatura 045
  Museu Regional do Reino do Koongo 051
Bénin
  Musée historique 057
  Musée Honmè 061
  Musée d'histoire de Ouidah 058
Congo
  Musée Marien Ngouabi 099

Musée régional "Ma-Loango" Diosso 104
Egypte
  Al-Gawhara Palace Museum 128
  Mohamed Aly Museum 142
  Museum of Islamic Art 149
  Museum of Royal Carriages 153
  National Rosetta Museum 174
  National Royal Jewelry Museums 123
Gambie
  The Gambia National Museum 198
Ghana
  Volta Regional Museum 206
  West African Historical Museum 205
Liberia
  National Museum of Liberia 242
Madagascar
  Musée du Palais de la Reine 257
Malawi
  Museum of Malawi Culture 262
  Mzuzu Museum 264
Nigeria
  National Museum of Colonial History 317
  Old Residency Museum 323
Seychelles
  SPUP/SPPF Historical Museum 363
Tanzanie
  The Arusha Declaration Museum 383
  Catholic Church Private Museum 384
  National Museum of Tanzania 387
Togo
  Musée d'histoire et d'ethnographie 393
  Musée national des sites et monuments 395
Tunisie
  Musée Dar Ayed 411
  Musée de Tabarka 424
  Musée du 9 avril 1938 429
  Musée Place du Leader 433

Musée Teboursouk 425
Zambie
  National Political Museum of Zambia 484
Zimbabwe
  Children's Library Museum 502
  Mutare Museum 503

Histoire militaire
Algérie
  Musée central de l'armée 002
Angola
  Museu Central das Forças Armadas 044
Ghana
  Ghana Armed Forces Museum 207
Nigeria
  National Museum Umuahia 349
Zimbabwe
  Zimbabwe Military Museum 496

Histoire naturelle
Algérie
  Musée d'El Oued et du Souf 022
  Musée national Zabana 026
Angola
  Museu Nacional de Historia Natural 050
  Museu Regional de Dundo 039
  Museu Regional do Planalto 041
Côte d'Ivoire
  Musée de Zaranou 105
Egypte
  Al-Gawhara Palace Museum 128
  Mohamed Aly Museum 142
Ethiopie
  Natural History Museum 188
Ghana
  Aburi Botanical Garden 199
  Ghana Herbarium 212
Guinée
  Musée national de Sandervalia 219
  Musée régional (Kissidougou) 220
Liberia
  National Museum of Liberia 242
Madagascar

Musée de paléontologie et d'histoire naturelle 256
Malawi
　Museum of Malawi Culture 262
　Mzuzu Museum 264
Maurice
　Mauritius Institute 270
　The Mauritius Herbarium (MSIRI) 271
Mozambique
　Museu de Historia Natural 300
Niger
　Musée national 315
Nigeria
　Ife Museum 331
　Yankari Game Reserve - Bauchi 321
Ouganda
　Kabale Regional Museum 442
　Makerere University Zoological Museum 445
République Centrafricaine
　Musée Barthélémy Boganda 090
Rwanda
　Arboretum de Ruhanda 351
Seychelles
　Seychelles National Museum 362
Swaziland
　Swaziland National Museum 381
Tanzanie
　Mikumi National Park 390
　National Museum of Tanzania 387
　Ngurdoto Gate 382
　Zanzibar National Museum 392
Tchad
　Musée national tchadien 097
Tunisie
　Parc zoologique de la ville de Tunis 434
Zaïre
　Musées universitaire-Centre de recherches interfacultaires 462
Zimbabwe
　Children's Library Museum 502
　Mutare Museum 503
　Natural History Museum of Zimbabwe 493

　Queen Victoria Museum 500

Océanographie
Madagascar
　Musée du CNRO 260
Tanzanie
　National Museum of Tanzania 387
Tunisie
　Musée et aquarium de Salammbo 420

Préhistoire
Algérie
　Musée d'El Oued et du Souf 022
　Musée national Zabana 026
Angola
　Museu Nacional de Antropologia 049
Cameroun
　Musée de Douala 075
　Musée Alioune Diop 086
Ethiopie
　National Museum of Ethiopia 184
　Natural History Museum 188
Liberia
　National Museum of Liberia 242
Maroc
　Musée archéologique de Rabat 283
Niger
　Musée national 315
Nigeria
　Odinani Museum 342
Ouganda
　Kabale Regional Museum 442
　Makerere University Zoological Museum 445
République Centrafricaine
　Musée Barthélémy Boganda 090
Rwanda
　Musée de Kabagayi 353
Swaziland
　Swaziland National Museum 381
Tchad
　Musée national tchadien 097
Tunisie
　Musée national du Bardo 412
Zaïre

　Musée universitaire - Centre de recherches interfacultaires 462

Transport
Egypte
　Museum of Royal Carriages 153
Malawi
　Lake Malawi Museum 263
Zambie
　Railway Museum 479
Zimbabwe
　National Railways of Zimbabwe Museum 492

Zoologie
Algérie
　Musée d'El Oued et du Souf 022
Congo
　Parc zoologique de Brazzaville 101
Ghana
　Zoology Museum 214
Madagascar
　Musée de paléontologie et d'histoire naturelle 256
Tunisie
　Parc zoologique de la ville de Tunis 434
　Makere University Zoological Museum 445